# 最新入职礼仪

UPDATED ETIQUETTE
FOR TRAINEE

靳斓◎著

中国经济出版社
CHINA ECONOMIC PUBLISHING HOUSE
北 京

**图书在版编目(CIP)数据**

最新入职礼仪 / 靳斓著.
北京:中国经济出版社,2016.4
ISBN 978-7-5136-4045-9
Ⅰ.①新… Ⅱ.①靳… Ⅲ.①礼仪—基本知识 Ⅳ.①K891.26
**中国版本图书馆 CIP 数据核字(2015)第 272202 号**

责任编辑 陈 瑞
责任审读 贺 静
责任印制 马小宾
封面设计 华子图文

**出版发行** 中国经济出版社
**印 刷 者** 北京九州迅驰传媒文化有限公司
**经 销 者** 各地新华书店
**开 本** 710mm×1000mm 1/16
**印 张** 11
**字 数** 156 千字
**版 次** 2016 年 4 月第 1 版
**印 次** 2017 年 8 月第 2 次印刷
**定 价** 39.80 元
**广告经营许可证** 京西工商广字第 8179 号

**中国经济出版社** **网址** www.economyph.com **社址** 北京市西城区百万庄北街 3 号 **邮编** 100037
本版图书如存在印装质量问题,请与本社发行中心联系调换(联系电话:010-68330607)

---

# 前　　言

“按时上班”，是指“按时”打卡，还是“按时”开始工作？这是某世界五百强企业的培训经理跟我说的情况：他们九点上班，却有不少人准时九点打卡后坐在工位上开始吃早点，吃完早点再看会儿新闻，半个多小时过去了，才开始慢慢进入工作状态，工作中也是私人微信不断……

大部分人的就业机会都来之不易，往往得过五关斩六将，外加“十八罗汉阵”。同时还面临个人角色的转变，面临着从学生变成上班族、社会人，生活环境、交往群体随之发生了变化。所以，需要转变的不仅是心态，还有穿着打扮、言行举止、为人处事等诸多方面。

我们经常看到，一起入职的同事，几年后有的身居高位，有的黯然出局。其中的差别在哪儿？主要就是职业素养的不同。

一个人的职业素养和学历没有必然关系，主要在于后天的学习。除职业技能外，还包括更重要的职业态度、职业化的举止、规范而高效的工作行为、和谐圆通的人际关系……有良好素养的员工，可以更快地建立起和谐的人际关系；使自己的认知、行为更符合职业化要求；并以高度的责任感，高效地服务于本单位，从而在激烈的职场竞争中不被淘汰，进而获得发展机遇。

某单位主管抱怨，她的一个新员工入职才三四个月，但其他同事对他意见却越来越大。原来，入职几个月以来，这个小伙子工作时间处理私事越来越多，快递小哥也天天来“看”他。可他的业务能力却进步甚微，即使常规性工作也频频出错。

一位老总跟我说，她的助理今年已经换了两位。她口头吩咐的工作，过几天追问进度的时候，发现助理常会忘记处理一些事项。她说，为什么不把要处理的工作记录下来呢？如果她也忘了追问，有些工作岂不耽误了？

要把握大方向，也要关注细节，是现代员工应有的素养要求。

我们常说“三十年河东，三十年河西”，改变这一切的，不是滚滚的波浪，而是那细小的泥沙。同样，职场中改变我们命运的，往往就是这些不起眼的细节。这不仅影响单位的人文环境及竞争力，也决定了个人职业生涯的发展。

多年的礼仪培训发现，不少员工的职业素养令人担忧：没有积极的职业心态、不注意形象、不懂礼宾次序、同事关系冷淡、工作不主动、遇到困难就退缩、办公室礼仪一团糟、没有团队观念……这些看似不起眼的“小节”，往往成了同事关系紧张、团队涣散、效率低下等令用人单位头疼的大问题。

所以，为新员工开设入职礼仪培训课，提升职业素养，打造良好的职业形象及高度职业化的行为，营造和谐的内外关系，这是越来越多的人力资源专家和单位领导者的共识。

今天，我将新员工入职培训中最受关注的内容分享出来。希望这些内容能让大家在职场中避免不必要的失误或挫折，使大家成为受同事尊重、客户喜欢、领导重视的人！

靳　斓

2016 年元月于北京

# 目　　录

# 第一课

# 怎样成为职场人

## 案例鉴赏:脱掉舞鞋

导演告诉一群来面试的舞蹈演员，他需要一名驾驶摩托车穿过燃烧的房子狂奔的女配角。一听导演的要求，来应聘的女孩子们都很失望并纷纷离开，这可不是一般人能完成的！但导演发现有一个女孩子留了下来，并且果断地脱掉了舞鞋。导演感到很奇怪，于是就问她为什么这么做。这个女孩回答：既然你们需要的不是舞蹈演员，那我就脱掉舞鞋，做你们需要的演员。

这个女孩，就是后来世界著名的动作明星安吉莉娜·朱丽。其实，从她脱掉舞鞋的这个细节上，我们就可以知道安吉莉娜·朱丽的成功并非偶然：只有随时调整自己，去适应工作、配合工作的人，才可能有最大的发展。

职业化，就是一种工作状态的制度化、规范化，使自己在合适的时间、地点，用适合的方式，做适合的事。简单地说，就是要求做什么事情就要像个做相应事情的状态。职业化主要表现在：职业化态度、职业化行为、专业技能等几大方面。专业技能不在本书介绍之列。

不管什么制度或者战略最终都需要员工来完成，而员工能否出色完成则主要取决于其职业化程度的高低。制度或者战略再完美，如果没有职业化的员工执行，其效果就会大大打折甚至等于一堆废纸。

## 一、职业化态度

态度决定行为，行为决定表现，表现决定贡献，贡献决定前途。是否有良好的态度，是否能积极面对工作、面对职业生涯的关键是职业化态度。所以，作为一名新员工，首先就要有职业化的态度（如图 1－1）。

**图 1－1　职业人首先就要有职业化态度**

《西游记》中，孙悟空虽然从前顽皮不羁，可自从跟随唐僧去西天取经，一路上历尽千辛万苦，即使被唐僧多次误会，仍矢志不渝，最后修成正果，被封为“斗战胜佛”，获得了几乎和唐僧一样的地位；而一路上心不在焉的猪八戒，却只是得了个“净坛使者”的名号。

职场中，拥有职业化的态度是做好工作、获得他人认可的重要条件。职业化态度是什么呢？

## 1. 需要主人翁精神

主人翁精神，就是把自己当作本岗位、本单位的主人，与本岗位、本单位同呼吸共命运、尽心尽责，而不是“做一天和尚撞一天钟”。

英特尔总裁安迪·葛洛夫应邀对美国加州大学伯克利分校毕业生发表演讲时，提出以下建议：“不管你在哪里工作，都别把自己当成员工，应该把公司看作是自己开的。”而松下先生也常对员工说：“请打消‘我们是为了领薪水而工作的员工’的观念，而用‘我们是经营这个大行业的主人’来尽心尽力地工作。”

不少新员工认为，单位的现在、将来是好是坏与自己无关，自己只是天天上班，按月领工资而已。

单位就是一个大家庭，每位员工都是这个“家庭”中的一员，一荣俱荣，一损俱损，谁也不能置身事外。必须把自己的精力、能力、热情和“家庭”利益紧密相连，同呼吸共命运，与单位共同进步，才可能有“我”的进步、发展。

不管哪个单位，最欣赏的就是把单位的事情当成自己事情的员工。这样有主人翁精神的员工任何时候都敢做敢当，这种员工才是领导心目中优秀的员工。

所以，作为一名优秀的新员工，不管外部因素怎样，都应以主人翁的态度，踏踏实实地做好自己的工作，在单位提供的舞台上充分发挥自己的能力和才华。

事实上，不管自己从事什么工作，都是本岗位的主人，肩负了责任和信任：如果你是管财务的，老总就把他的账目完全托付给了你；如果你是行政人员，他把单位中承上启下的一部分工作托付给了你；如果你是销售人员，他把一部分市场全权托付给了你；如果你负责人事招聘，他把事关单位前途的人才招聘工作全权托付给了你……

只有拥有主人翁精神，才可能在工作中满怀激情、乐于奉献。试想，如果总是觉得上班是帮别人做事，上一个月班领一个月的工资，必然是“寒号鸟”式的得过且过，没有什么进取心可言。这样的状态，根本谈不上高效、创新，当然更不可能有什么发展机遇或超于常人的待遇。

## 2. 积极并持之以恒

阿里集团的童文红女士，2000年进入阿里做公司前台，之后陆续担任集团行政、客服、人力资源等部门管理工作，现任阿里集团资深副总裁兼菜鸟网络首席运营官。阿里上市后，她成为庞大的阿里商业帝国9位亿万富豪的女性合伙人之一，再次证明了积极进取和坚持的重要性。她被称为阿里“最励志”的合伙人。童女士认为，如果思想不对，不积极，那么学历再高、能力再强，也不可能成为一名好员工。作为一名初出茅庐者，一进单位就谈利益，想着几点下班、什么时候放假……一天到晚就是在计较，总认为全单位的人都占便宜，就是自己吃亏，工作必然不积极。可是不付出就没有回报，没有回报，就越不想付出。恶性循环的结果就是自己最后被单位淘汰、被市场淘汰。

著名心理学家威廉·詹姆斯认为世界由两类人组成：一类是积极心态的人；另一类是消极心态的人。后者面对挫折或变化容易灰心丧气，等待他们的往往是痛苦和失败。而积极心态的人，即使面临恶劣情形时仍能以积极乐观的思想，来寻求最好的、最有利的结果。

不变的只有变化，任何单位都是如此。积极心态的人会在工作中不断改进和完善自己以适应变化，而不是消极地埋怨或发牢骚。这正是任何单位都需要的。想法决定我们的生活，有什么样的想法，就有什么样的未来。

就像面对正常的加班。需要加班事情，往往对单位来说都是紧急而重要的事情。积极心态的员工此时往往很少怨言，尽心尽力地做好加班工作。而消极心态的员工或许会勉强应承下来，但往往怨声载道、牢骚满腹，不会花百分之百的精力来做；更有可能会直接推诿，因为他们认为这是“分外之事”。

就像新员工向同事请教问题。大家各有各的职责，作为新员工向同事请教工作上的事，而对方则要耽误自己的工作来教你，这不一定是他的义务，特别是工作任务繁重的时候。当一个程序员集中精力编写程序时就不应去打扰，连一句问候的语言都多余；财务人员数钱的时候更不应去说话，否则数千遍万遍也数不清楚。这时候的打扰，对方难免有点小情绪。如因对方的一点小情绪自己也有情绪的话，不仅影响同事关系，也对你自己的工作不利。积极的人会把这当作鞭策和动力，加速自己的进步，同时也会更加注意避免在同事不能被干扰的时候去打扰。

积极，还表现在工作主动，不必非要事事等人交代、事事手把手地教。对于常规工作，不应非等上级安排（制度规定必须如此时除外）或催促才知道去做。工作中遇到的问题要主动寻求解决办法，而不是等待老员工或领导“教”。“教”一次可以，“教”两次可以，但类似的工作每次都要“教”，设置你这个岗位、付出这个岗位成本的价值在哪儿呢？我们需要自动自发地做好事情，将“要我做”转变成“我要做”，完成本职工作基础上，在自己的能力和职权范围内，主动分担一些“分外”的事，要求一步做到两步。这种工作主动型的员工，永远是职场宠儿。

积极，贵在持之以恒。一开始的“积极”很容易，但职场要求的却是持之以恒地做好工作，而不是虎头蛇尾，只图几天新鲜。有的人刚入职时表现得处处积极，就像打了鸡血一样。一段时间之后处处不主动，像霜打了的茄子。重要的是要有一份永恒而持久的积极心态，才会有长足的进步，更利于自己的职业生涯，也更容易获得他人尊重。

### 3. 认真且勇于负责

实习生史蒂芬在钢铁公司的工作是打扫卫生。他发现很多矿石并没有得到充分冶炼，还残留着没有被冶炼好的铁。“这会给公司带来很大损失！”于是他找到负责技术的工程师，但工程师自信地说：“我们的技术世界一流，不可能有这种问题。”直到史蒂芬找到总工程师，这个问题才得到关注：原来是检测的仪器出了问题，导致冶炼不充分。公司事后不但奖励了史蒂芬，而且还晋升他为负责技术监督的工程师。这件事的原因很简单，就是有员工没有做到认真负责。

对于工作结果来说，没有新员工、老员工的说法，只有工作过程的熟练程度和效率的不同。而这绝不是做不好工作的借口。所以工作上绝对没有借口，只有按质按量地完成。这其中起决定性作用的就是态度是否认真。

可以说，认真是做好事情的法宝。“世上无难事，只怕有心人”，就是指在“认真”面前，不存在真正的“难事”。只有认认真真，一步一个脚印，才能做好工作。就像盖楼一样，只有每一步的认真，才可能盖起固若金汤的大厦。而任何一个环节马虎，其后果都不堪设想。

一方面，认真就是品质，认真就是全身心投入。这样的态度，不管是工作效率还是对新事物的接受能力上，必然都是非常高效的。这样的人，不管在哪个单位，都是受青睐的人才。

另一方面，人非圣贤，孰能无过。工作中难免会出现失误或差错，大家谁也避免不了。最关键的是我们对于差错或失误的态度：是勇于负责、总结经验呢，还是固执到底拒不认错，亦或遇难就退？错就是错，不管承不承认，事实就在那儿。很多人，好事总抢在前头，不好的事情总推得干干净净。作为一个负责任的人，在工作中遇到问题不应该将时间浪费在找借口上，寻找借口就会缺乏行动，而应该勇于负责，采取积极有效的方式，才能从根本上解决问题。

愿意认真负责的员工，必然会主动负起该负的责任。这不仅在表达你的担当，也从中让大家看到你拿得起、放得下的胸怀，这样的人也更容易从失败中吸取教训，从而更有利于今后的工作。而不愿负责的人，不管这其中的责任是大是小，给人的印象只能是没有胸怀、不敢担当、固执己见。这样的人很难吸取失败的教训，这样的性格更容易招致同事、领导的反感，同时也不利于人际关系的和谐。

## 4. 谨记做事先做人

三分做事，七分做人。做事是生存之道，做人是立身之本。不懂得怎么做人，怎样才能做好事情？对于新员工来说，别人凭什么支持你、协助你？

做个诚信的人。诚信是为人处事的基本准则。不管对大事还是小事，公事还是私事。和同事、领导或客户交往，不夸海口、不说冲动话，言而有信、守时、守诺等都是诚信的具体表现。

李晨刚入职一个月就被开除了，这源于他的一次虚假病假。原来，那天是他女朋友生日。他为了陪女朋友逛街，就编了个理由，说是家里老人住院没人陪，他必须请一天假陪床。而这一天李晨所在部门工作任务很重，大家忙得不可开交，直到晚上七八点才忙完。部门领导下午去见客户的路上，赫然发现李晨和女朋友甜蜜地牵着手，一脸幸福地逛街……

总会有些人钻单位制度的空子而弄虚作假，为了各种额外的利益。这样的“聪明”，可恶之处不用言表。即使瞒过一时也终会被大家所识破，个人的信誉及在团队中的地位必将一落千丈，这些“聪明”的人就是搬石头走路，砸脚是迟早的事。

能够吃苦。很多新人面对工作，习惯挑挑拣拣，只干轻松省事的。工作压力大、工作任务重或者稍有难度，就整天唉声叹气甚至给领导或者同事脸色看。要知道，作为现代企业的员工，能够吃苦、服从安排并执行工作任务，是基本的素养之一。设置岗位目的是为解决问题，而不是摆设。

处好关系。我们评价一个人时，往往带有强烈的个人情感倾向：和自己关系好的，往往也是在工作上更愿意支持和配合的。职场中维系好人际关系，是职业生涯的要求。像尊重他人、尊敬领导、团结同事、体谅宽容他人、听得进他人意见、保守秘密、不独享荣誉等，都是维系好人际关系的要诀。

低调做人，高调做事。低调，主要是指对自己、对待成绩的态度；高调，是指对工作严谨、认真的态度。初来乍到，对单位各方面都不熟，多学、多听、多看是必须要做的。人们习惯性地会对生人有警惕心理，如果过于招摇，这种警惕很容易转变为反感、排斥，而一旦形成这样的印象，很难发生改变。工作上严谨、认真，做人不招摇、不好出风头，更容易被大家所欣赏、接纳。

谨守道德底线。在岗位中，不管如何，违背单位制度、国家法律和社会公德的事，都不应去做，谨守自己的道德底线。这是事关原则的问题，不要自以为聪明，“人不知鬼不觉”。莫要人不知，除非己莫为，等事情公布于天下，不仅面临处罚，而且也侮辱了自己的人格尊严。

既要自信又要谦虚。自信是做事勇往直前、勇于担责、相信自己能力的一股锐气。谦虚是对现有能力或获得成绩之后，不张扬的态度，从而让人降低戒备心理，产生信任感。有的人很聪明、很能干，但总得不到大家的认可，往往就是太张扬，欲望表现得太鲜明，目的性太强，别人看到的是炫耀、自满和威胁，从而引起大家的戒备与反感。

心怀感恩。我们经常听到有人一不满意就喜欢说“我在以前的单位如何如何”“别人如何如何”。语言中充满对现在的报怨和不满。会感恩的人，是心怀宽广的人，是有责任心的人。因为懂得感恩，就会知道换位思考，从而能够体谅、尊重他人，也就会对这个团队负有一份责任。作为职场新人，抱有感恩之心是非常必要的，对公司、领导、同事，哪怕对比你职位低的同事。或许有些人没能给你提供过直接帮助，但至少没给你添乱。你要知道：公司给你提供了舞台、领导容忍你的过失、同事伴你一同成长……

## 二、职业化行为

一家生产乐器的中国企业老总去日本考察。他发现日本企业里，员工操作台上面物品摆放整齐划一，没有任何私人的物品；桌子上哪个位置放置什么工具，哪个位置放水杯，安排得十分符合操作规范和程序；员工走楼梯都靠右，以方便他人紧急通行；员工在工作时间几乎没有闲聊的，都是在聚精会神地做自己的本职工作……这家日本企业的废品率仅是1%。

而在他的企业里，上班时间员工聊天、吃东西、干私事、接打私人电话、网上看新闻、玩手机……可以说干什么的都有，甚至上个厕所也要半小时。他的企业废品率竟高于10%。

有人统计：中国工业劳动生产率只有美国的1/30、日本的1/18、法国的1/16、德国的1/12、韩国的1/7。其他行业差距也很大。为什么有这么大的差距？除了部分硬件设施原因之外，大多数的观点认为中国的员工不够职业化。职业化，除态度外，需要什么样的行为呢？

### 1. 多了解自己单位

某次培训中，客户方迎接我的是一位刚参加工作的小伙子。我事先知道有位副总要发言，当问那位副总姓什么时，他说自己刚来不到三个月，不知道那位副总姓什么。这样的回答让我很惊讶。两个月后再次来该单位培训时，没有见到那位小伙子。我好奇地问他们的培训主管，她说三个月试用期结束就没再聘用他。这就印证了我当初惊讶的缘由：入职两个多月，时间也不短了，对单位的副总姓什么都不知道，甚至明明知道有一位副总要发言，却还不关心姓什么。由此也想象到他平时的工作状态。

不少单位领导都说，有些人来单位工作一两年了，竟然不知道单位的情况，甚至连办公室的座机电话号码都记不住，更别说了解企业文化了。

到了一个新环境中，了解新环境是良好工作状态的开端，这样才能更快更好地融入这个环境当中。这也是关心单位、与企业同呼吸共命运的体现（如图1－2）。

进入新岗位后，要了解的事情很多。首先了解人：单位的几位主要领导是谁？你的部门领导及直接主管是谁？你的团队中还有哪些人？和你所在部门经常有业务对接的是哪些部门及人员？本单位还有哪些其他部门？各部门的主要负责人是谁？

图1-2　多多了解单位和工作

了解事：自己在试用期的工作职责是什么？试用期后的工作职责是什么？单位的产品或服务是什么？单位在同行业中的地位怎样？单位所在地理位置、电话、网址？本单位的相关兄弟单位或上下级单位有哪些？日常对外沟通中，有没有统一术语或者禁忌？

要尽快融入周围同事的氛围当中去，多和大家沟通，不懂的地方虚心请教。同时也要不断提高自己的业务技能，为单位、为本部门分忧，这样才可能被器重，获得被重用的机会。

了解自己的单位，包括了解和自己工作职责相关的信息。比如，身为接待人员，应该了解接待时的职责范围、上级负责人，经常接待哪些人员，从车站/机场到单位需要多久，有哪些定点饭店、酒店，接送的司机姓名、电话；作为助理人员，自己的职责范围是什么，是否需要出差，出差时自己的职责范围，相关工作的对接部门、对接人员及联系方式；作为销售人员，自己销售什么，产品有什么特点、优点、缺点，市场上类似产品的特点及价位，产品客户群是哪些……

还有了解本单位的制度，包括单位的规章制度、财务制度，员工守则。这些制度、守则的设置，必然有其原因、道理，总体是为提升单位的形象、工作效率或竞争力而设。所以了解并遵守，是一名员工的基本职责和义务。就像我们未来之舟，所有接触客户的同事，入职后都要学习两三个月，除了公司各种制度外，还有与客户沟通时各种场景下的规范术语，这样就保证了对外交往时大大提高效率和单位的形象。

## 2. 让细节造就完美

麦当劳的创始人克洛克在参观一家特许经营店时，在店内发现一只苍蝇。两周后，这家店失去了特许权。克洛克对这家店的员工说："我强调细节的重要性。如果你想出色，就必须使每一项最基本的工作都尽善尽美。我的成长历程告诉我，这样做以后一定会有回报。"

惠普创始人戴维·帕卡德也曾说："一些小的细节常常会造成合格产品与欠佳产品之分。所以，我们努力在所有的员工中倡导一种工作态度：尽可能把自己的工作干得最好是每个员工的职责。"

"一屋不扫，何以扫天下？"细节看似简单、乏味，但这是在一点一滴地积累着最后的成功。一台高速运转的机器，都是由各个不同的零部件组成，任何一个零部件的残缺或不合格，都有可能在将来造成不可估量的损失。当年震惊世界的"美国哥伦比亚号"和"挑战者号"事件，都是这样的悲剧。

细节决定成败绝不是海市蜃楼般的口号，再远大的理想，也需要一步一个脚印地付出。当今社会，各行业的竞争日趋激烈，社会分工也日渐明确、细化，对员工的要求标准也在逐步提高，对细节方面的重视程度也越来越深。"千里之堤，溃于蚁穴"，哪怕是再小的细节问题，如果不予以重视，总有一天会被这些琐碎的小事牵绊，走向失败。相反，重视细节，在方方面面的工作中争取尽善尽美，通过它们不断地锻炼自己的能力并形成习惯的人，久而久之自然成了佼佼者。

"责任面前无小事，关注细节更重要。"工作无小事，没有哪一件工作和环节是没有意义的，整个工作是一个完整的体系，只有形成整体才是最完美的体系。成功者都是从小事做起，但他们从不认为自己做的是简单的小事。海尔集团总裁张瑞敏也说过："什么是不简单？把每一件简单的事情做好就是不简单；什么是不平凡？把每一件平凡的事情做好就是不平凡。"

细节包括诸多方面，如个人的形象、平时的举止，在单位内部及和外单位的人交往中的行为、高效的沟通艺术，对工作的忠于职守等。具体有：不同场合穿不同的服装；和领导、客户沟通完工作的时候，再确认一下重要事项，特别是有关数据、日期；出去办事之前再确认好要准备的材料；进领导或其他同事房间之前先敲门；及时、主动和领导沟通工作进度；工作时间不做私事；接电话中，结束通话时让对方先结束电话；给领导的报告里，精心预备一份简短的概要供快速浏览；开启空调的温度以客人或者领导是否适应为宜；在向外单位交付文件或者物品之前最后核查一遍；陪同领导外出时，主动礼让并协助；严格按照工作流程办事，不管是不是有人监督……

这样的细节还有很多很多。重要的原则是，必须把处理好细节视为做好工作的前提和基础，让自己的言行都要与此相适应，从而成为一个积极、实干、优质的员工。

### 3. 责任更胜于能力

70岁的任正非在他新修订的《致新员工书》中讲述了他对华为新员工的忠告：华为的文化是开放的、包容的，是不断吸纳世界上好的文化和管理的。同时他还告诫新员工：没有责任心，缺乏自我批判精神，不善于合作，不能群体奋斗的人，等于丧失了在华为进步的机会，那样你会空耗了宝贵的光阴。

比尔·盖茨有一句名言：人可以不伟大，但不可以没有责任心。责任心是任何优秀员工都必须具备的基本素养。

对于个体而言，责任是一个人有所成就的不竭动力；对于组织而言，只有每个人的责任汇聚为整个团队的价值，这个组织才能持续发展，才能真正凝聚力量、走向未来。责任要求我们对工作内容、工作权力和工作职责有清晰而深刻的认识，了解自己所从事的工作对实现组织目标的重要性，把实现组织的目标当成自己的目标。

有责任心的员工，即使眼前能力或技能稍有不足，但也会凭着这份责任心，自觉地努力学习做好工作；保持不断学习的状态，为现在岗位工作所需，也为将来发展所需。机会就是为这样的员工所准备：注意团队概念，尽可能和同事处好关系，创造和谐的团队；遇事不回避、不推诿，而是让问题的皮球止于自己，努力寻找解决问题的办法；遇到有损单位的事情时，会竭尽全力地补救或挽回；更能够倾情投入，不局限于自己的工作职责，心怀全局，有始有终……

今天，较之能力来说，绝大多数的单位更看重那份可贵的责任。不是说能力不重要，而是说责任比能力更重要。一个没有责任感的人即使拥有再强的能力，又有哪个单位敢要呢？相反，一个有着强烈责任心的人，即使个人能力暂时有所欠缺，正因为他有一颗责任心，做事时就会千方百计地去寻求解决问题的方法，直到成功。在这个过程中，能力也就自然而然地锻炼出来了。

事实上，离开了责任的能力是可怕的。试想：一个具有很强能力却无责任心的人只会利用他的那份能力，不顾一切地为自己谋利益，对单位乃至对社会的损害都是不可估量的。

在竞争日趋激烈的当今社会，面对越来越多的员工跳槽现象，单位在考察一个员工时，越来越看重其内在品质，能力却被摆在了其次。单位宁可培养一名有责任心的员工，也不会去接收一个虽有能力却没责任意识的员工。责任是一种自觉的行为。只有每位员工都怀有一份对工作、对单位的责任，才能凝聚所有的力量，为单位的发展做出贡献，发展了单位，成长了自己。

## 本课要点自测

1. 职业化态度主要有哪些？

2. 为什么说责任胜于能力？

3. 职业化行为都包括什么？

# 第二课

# 个人基本礼仪

## 案例鉴赏:孙健的假期

孙健所在单位对员工的着装要求不严，这对于着装一向随意的孙健来说，正好乐个轻松。

领导通知包括孙健在内的几位员工，周五早上九点去某五星级酒店参加单位和某外企的签约仪式。

签约当天，孙健和平时一样，穿着运动鞋、一身牛仔装，高高兴兴地赶到酒店。领导看到孙健的穿着马上就火了："今天知道来这儿是干什么吗？" "我没迟到……"领导无奈地说："你就别进会场了，今天就当放你假。"

孙健错在哪儿？我想，绝大多数人都会知道：穿着上。如果单位没有要求，平时穿着稍随意一点倒也无所谓。而签约是很正式的场合，且在高档酒店，穿着上必须正式，西装皮鞋是男士的标配，这是基本的礼貌和常识。

个人礼仪，无外乎就是一眼看到的从头到脚的礼仪问题。这些，生动地反映出一个人的品位、修养、阅历，以及对工作和人生的态度，当然也直接影响着外界对自己的主观印象和态度。

## 一、面容修饰

“一切从头开始”，不管什么样的人，都习惯性地首先看对方的面部。面部是第一印象形成的重要因素。我们这里介绍的面容修饰，是指大范围的面容，包括头发。

### 1. 发型：清洁得体

新员工，需要展现的是严谨、积极的工作作风，而不是从形象上过于突出自己的个性。

头发的清洁。清洁的头发当然是基本要求。头发不油腻、没有头屑、没有异味，是必须要做到的。特别是夏天出汗较多，更要注意及时清洗，保持清洁、无异味、无头屑。

男士发型。男士不烫发或染发（白发染黑除外）。一般男士头发的最佳长度是：前不遮眉，侧不过耳，后不及衣领。当然，除了美发行业、艺术工作者等这些提倡个性、创意的行业，男士为彰显个性而留个性发型外。所以，男士半个月至一个月就应理一次发。

女士发型。女士不烫夸张的发式。发型上，虽然现在的要求已经不再那么单一，但无论怎样，都不要做成夸张、另类的发型，比如爆炸式。即使染发，一般也不应染过于艳丽的颜色，可以染成跟黑色接近的颜色，如棕色、栗色等。

根据惯例，工作场合女性的发型首选盘发，特别是隆重场合。平时可以束发、齐肩发、短发。但不管哪种发型，刘海都不要遮住眼睛，还要确保不要因为发型而在工作的时候经常用手拢头发。对于窗口岗位、一线餐饮岗位，则不提倡披肩散发。盘发或束发时，发饰要选择和服装颜色相协调的颜色，款式简洁、大方。像发箍、卡通发饰都不宜在工作场合使用。

### 2. 男士：面部清爽

某次的企业培训中，企业老总说要亲自宴请我，好意难却。和领导见面后我惊讶地发现：这位先生嘴角、下巴明显有不少白花花的死皮！于是面对一桌丰盛的菜，我怎么都提不起胃口。这一幕，虽然时隔很久，却仍记忆犹新。

男士要显得有风度有朝气，外形上首先要清爽且有品位。普通的工作场合，男士面部不必化妆，保持面容的清洁是关键。

皮肤清洁是面部修饰的关键。根据自己的肤质来选择洁面乳。我们在课堂上问学员面部的清洁用品，有学员开玩笑地说用“雕牌”，希望这真是一句玩笑话。由于香皂碱性大，不仅不会清洁面容，还容易伤害面部娇嫩的肌肤，导致面部更容易起皮。

像眼部、耳朵、唇部下方、嘴角，都是清洁的重点区域。

好皮肤是自己永不贬值的时装。皮肤不但要保持干净，还应注意保养，尤其经常外出或在户外工作，可以用一些护肤品来保护皮肤。冬天可以用面霜，对皮肤有好处，还不会让皮肤很快变老。皮肤干的男士，也可以试试每周贴两次面膜来补水。

耳部清洁不应被忽视。耳孔里，不仅有分泌物，还有灰尘，所以必须经常清洁；如果有耳毛的话，需要同时修剪。

如果没有特殊的职业需要、宗教信仰或民族习惯，每天刮净胡须是应有的基本习惯。鼻毛不需要每天修剪，只要确保没有长出鼻孔外就好。否则两撮鼻毛支在外面，难免有损“市容”。

### 3. 女士：妆容相宜

在因公往来中，素面朝天并不是礼貌的行为。

面部肤色比较好的话，在没有对外往来的时候，可以不化妆。但现代职场，女员工淡妆上岗已成为惯例，特别是窗口岗位、经常与外界接触的岗位，尤其是要参加一些重要活动的时候。

白天工作场合的淡妆，讲究的是自然、淡雅、简洁、适度、庄重、避短。

首先选择一款比自身肤色亮一度的 BB 霜、CC 霜、粉底液或粉底，用化妆棉快速把粉底涂抹均匀，用粉扑把脸部和颈部做一下过渡，以免“泾渭分明”。

眉毛是平衡脸型最关键的部位，颜色不要太浓，只需用眉粉或眉笔淡淡描出形状就行了。

工作淡妆，一般不用假睫毛。可以画上眼线，以使眼睛变得更加有神。

用睫毛夹定型睫毛。涂睫毛膏时先横着涂，增加睫毛的浓密度，然后再拉长。下面的睫毛可以用睫毛膏轻刷一两下。

扫腮红时，可以选择粉色系腮红，扫在笑肌的位置。圆脸形应斜向上扫；长脸形应呈圆状扫，再横向扫几下；颧骨高者，扫在笑肌偏下一点的位置。这样处理是为让腮红来帮助我们修正脸型，使脸型从视觉效果上更加完美。

唇部涂上唇彩或唇蜜，但不能涂得过浓，毕竟这是白天的工作场合不是晚上的社交活动。

完成这些步骤之后，一个自然、简单的工作妆就大功告成了。

**图 2－1　当众补妆不礼貌**

化妆后就难免会出现妆容残缺的现象。日常的补妆工具及化妆品有吸油纸、散粉、干湿两用粉饼、唇膏、眼影、眉笔等。粉底或因为长时间出汗而脱落，补妆时先用吸油纸吸去脸上油分，再用干湿两用粉或散粉在脸上均匀轻柔拍按，使整体肤色一致。唇膏会在用餐或吃东西后脱落，失去光泽，补妆前先用软纸吸去唇部残留油分，再涂唇膏。晚上补妆可适当加眼影色和胭脂色。

补妆一定要避开他人，在没有其他人的角落或洗手间都可以。我们中国人认为当众补妆是不礼貌的行为，欧美国家甚至把当众补妆看成是“黄色娘子军”标志性的举动（如图2－1）。

## 二、着装要求

“穿衣戴帽，各有所好”，但在职场，着装不能全凭自己的爱好而随心所欲，穿什么、怎么穿都有一定要求。总体来说，穿着要遵循“TOP”规则，即要考虑到时间“Time”、目的“Object”、地点“Place”。就是根据不同的时间、目的和地点，来做相应的着装选择和搭配。

### 1. 穿统一工服讲究多

有些单位会发统一的工作装，也就是工服。这种情况下只要注意下面两个细节就可以了。

整齐清洁。工服不一定能做到百分百的合身，但穿的时候必须注意整齐，内衣不外露，不掉扣漏扣。配有领带或丝巾（女士）的时候，和衬衫领口吻合紧凑并系好。工服脱下后应挂起来，以保证上衣平整、裤线挺直。做到定期熨烫，确保版型的挺阔。做到无污垢、无异味。

注意搭配。必须尊重工服的既有样式和搭配要求穿着，搭配其他服装时，不影响工服的版型和风格。

### 2. 自己搭配不能随意

单位新来一位女神级员工菲菲。办公室的几位单身小男生高兴没多久，就开始郁闷了。原来，菲菲天天穿吊带装、短裙来上班。几个小男生都不好意思和她面对面坐。而当她有弯腰、下蹲的动作时，小男生们只好别扭地把脸转向一边。时间一长，大家感觉吃不消了，有天天被骚扰的感觉。而领导也几次在职工大会上严肃批评菲菲不得体的着装问题。

很多单位既没有自己的工服，又没规定工作场合穿着的样式。这就要求大家遵守职场穿着的基本惯例。

（1）女士着装

工作场合裤装、裙装都能穿。穿裤装时，裤长应到脚面。不宜穿紧身裤。而在签约、接待、参加发布会、重要会议、拜会重要人士等正式场合，正式裤装应是西裤。

套裙是工服首选。套裙即上衣是女式西装，下衣是裙子。穿两件套的裙装，上衣和裙子可以是一色，也可以采用上浅下深或上深下浅两种不同的色彩。穿同色套裙，可以用不同色的衬衫、领花、丝巾、胸针、围巾等饰品来点缀。同时，套裙的主要色彩不应超过两种，其主体图案不宜是大型花卉、宠物、人物等。裙子最短不短于膝盖以上 15 厘米。衬裙颜色接近或浅于外裙颜色。穿连衣裙，裙子应有袖子。穿吊带式连衣裙，应外加西服上衣或者外搭小衫。

肉色、黑色、浅灰、浅棕色等单色袜，一般和同色裙子搭配穿着，其中肉色袜是最常规选择，也可以和所有颜色的裙子搭配。穿裙子不外露袜口，并且网眼、镂空，或印有异色图案的丝袜不宜和正装搭配。

图 2－2　办公室着装不要太省布料

工作场合的鞋，应是黑皮鞋或和裤子、裙装颜色一致的、高跟或半高跟的船式皮鞋或盖式皮鞋，前不露趾、后不露脚跟的皮凉鞋是其次的选择，这些都是职场规范的皮鞋。如果没有严格要求，平时也可以穿凉鞋（穿凉鞋时不穿袜子，并且不能配西裤）、皮靴等。但在正式接待、拜访、宴请、会议、签约、仪式等正式场合，应穿规范的皮鞋。

不穿超短裤、超短裙及颜色过艳、款式过奇、过小或过露的服装（如图 2－2）。避免内衣外现，不穿吊带装、短裤、拖鞋、鞋跟过高的鞋、钉金属鞋掌的鞋、运动鞋。

（2）男士着装

工作场合的穿着基本要求就是：不穿牛仔装、运动装、背心、短裤、乞丐裤、带状凉鞋、沙滩鞋、拖鞋、布鞋、白袜子等。

很多单位都提倡上班时间、商务场合穿西装，同时穿西装也被认为是尊重商务规则的表现。

穿西装时，西装上衣应选单色的单排扣西装，藏蓝色、灰色或棕色都可以。西装上衣另配西裤时，西裤的质地应和上衣接近，颜色接近或深于西装上衣。上衣的最佳长度，是手臂向前伸直的时候，衬衫袖子能露出2厘米左右。单排扣西装，最下面那粒扣子不系。西装内侧胸袋放轻薄物品，外侧下方口袋不放物品。

西裤裤长以盖住鞋面、不露出袜子为宜。忌挽、卷西装上衣衣袖或西裤裤筒。西装裤子侧面的口袋只放不影响裤形的小件、轻便物品，最好不放物品。后侧口袋不放东西。

搭配西装的衬衫首选白色，不应有图案，细小的几何图形除外。正式场合搭配西装的衬衫只能是白色，除非在自己单位内，否则长袖衬衫不宜外穿，但短袖衬衫作为半休闲式衬衫，可以外穿。单穿衬衫，衬衫口袋不装影响衬衫版型的物品；浅色衬衫，衬衫口袋不应装钱，尤其是穿浅色且较薄的衬衫时，映出里面“红色的票票”，也显得太任性了。不打领带时解开衬衫领扣。商务场合，天气再热也不能撸、卷衬衫袖管。

皮带一般应是黑色皮质。但穿棕色皮鞋时可以用棕色皮带。皮带的长度在系好后，尾端应介于第一个和第二个裤绊之间，正好被皮带的扣绊卡住，否则就会难看地翘起来。皮带头要求简洁，应是自动扣。

和西装配套的鞋子，只能选择深色、单色的皮鞋。黑色牛皮鞋和西装最般配，棕色也可以选择。

系带皮鞋是非常正规的选择，三截头皮鞋最正式。日常上班，如没有要求，船形皮鞋、皮面带有小透气孔的皮凉鞋都可以穿。

袜子一般是深色、单色，以黑、深灰、深蓝色为宜。

出席重要场合，如签约、招待会、发布会、重要会议，会见重要人士等，都应穿着正式，也就是穿西装、白衬衫、领带、系带皮鞋或三截头皮鞋。

## 三、个人卫生

海涛还没过试用期，就被辞退了。海涛的技术水平在新员工当中，可以说是最好的，但就是个人卫生方面，实在让人不敢恭维。但他觉得这些都无所谓，有过硬的技术就行了。头发一般四五天才洗一次，腻嗒嗒的，而且往往头皮屑“很丰富”。也有好几个手指的指甲长长的。不注意面部皮肤保养，脸上经常起皮。工服的衣领、袖口穿成明显的酱色才换洗。入职不到两个月的时间，被客户投诉好几次。用领导的话说：技术不好可以再培养，但这样不注意形象又不悔改，技术再好也是有损公司形象的！

良好的个人卫生是对一个人的精神面貌和修养的起码要求之一。恐怕任何人都难以容忍交往对象的个人卫生有问题。否则，工作能力再强，也会让人反感。

### 1. 清洁卫生不是小事

做到身体清洁，当然首先要做到“三勤”，即勤洗澡、勤换衣裤、勤漱口。或许有些人觉得太小儿科，或者不习惯，嫌麻烦，特别是有些男士。但作为上班族就必须要做到，这是对职业人士的起码要求。

眼鼻耳的清洁，前面已经介绍过，这里就不再重复。

图2－3　随时保持牙齿清洁

说话的时候，牙齿最引人注目。需要注意牙齿清洁，养成饭后漱口照镜子的习惯，确保说话的时候，牙齿上看不到异物（如图2－3）。当牙齿上有不易去除的、明显的牙垢，或是牙齿发黄，最好去医院洗牙。

说话的时候，看到对方牙齿上沾着饭粒或者菜叶、肉丝，那种感觉让人看了很不舒服。我甚至见过有人在和我说话的时候，从嘴里蹦出一小块虾皮，我立刻明白：伙食真不错；她马上知道：自己太失礼。我们自己首先就不能给别人留下这样的尴尬印象。

不留长指甲。男士的指甲，以在手心方向看，看不到指甲为宜；而女士从手心方向看，只看到三毫米左右长度为宜。女员工涂指甲油，可以涂透明、淡雅或和肤色接近的颜色，不应再做其他异色或夸张的修饰，美肤美甲店员工除外。

### 2. 有异味处处都变味

在工作场合，应是健康、有朝气的形象，当然不能有身体异味。

首先就要避免口腔异味。避免口腔异味必须注意口腔的清洁，正所谓“有口气处处受气”。口腔异味如果不是口腔卫生问题，就应该及时去医院检查。工作时间，上班前或中午应避免吃葱、蒜、韭菜等带有强烈刺激性气味的食物。不小心吃了的话，就要想办法祛除异味，可以通过喷口腔清新剂、嚼茶叶、嚼口香糖等方式来祛除。平时注意呵护牙齿，牙龈炎、虫牙等都容易引起口腔异味。

在感知到要有“尾气”排出时，应尽可能离开人群解决。觉察到别人排出的“尾气”，最礼貌的方式是当作什么都没发生一样。实在不行，条件也允许的话，可以不露声色地暂时离开一会儿。

身体有异味，如狐臭、汗臭，就可以用一点淡雅的香水来遮掩异味。先把香水喷在一只手的手腕上，把两只手腕对压几下后，再从手腕移到耳后，然后擦在耳下颈动脉及其他脉搏跳动处，也可以是手肘、膝盖内侧等地方。或者用无名指蘸上香水在各个需要涂抹的地方按压两下。

有脚气的人，脚部容易产生难闻气味，就应尽可能避免脱鞋，这是公德问题。另外，平时应经常清洗袜子、经常晾晒鞋子。

避免异味的方法，还要注意勤换衣服，特别是内衣。

### 3. 着装清洁事关尊严

不少人都认为工服不是自己的衣服，就是上班时间穿上做个样子，干不干净无所谓。有一个企业老总告诉过我，他们选合作单位的一个重要细节，就是注意观察对方员工的工服是否干净、整洁。他认为，公司员工不注意自己的个人卫生，要么员工素质太差，要么公司管理无方。这两个原因不管哪一个，这样的单位都不值得信赖。

出现在因公交往的场合，不管是统一的工服还是自由搭配的工服，保持清洁是最起码的要求，这既是一个员工的起码尊严，也是一个单位的形象尊严。表面能看到的部分，外套及里面搭配的服装都是如此。清洁不仅包括干净、没有明显污垢，还包括整洁。最好的要求应该是保持服装本来应有的版形，这不仅限于服装，还有配套的配饰，如领带、丝巾、鞋袜、包。只要不是遇到极端情况，在单位或因公交往者的面前，着装都应保持清洁，这无关单位有没有规定。

我曾见过有的学员，因为第二天要和客户见面，才在着装上有所注意。而平时上班，衣服穿到惨不忍睹也懒得管。万一客户临时来，难道要推给其他人接待吗？或者要让客户看到你这样非常不专业的形象吗？这样的员工，有点缺乏责任心。

另外，因公交往场合或在单位，应确保皮鞋的鞋面清洁，并且没有异味发出。

## 四、首饰配饰

我曾在学员中做过调查，结果发现很多学员都对乱戴首饰、配饰的人反感。如果初次见面的男士脖子上挂着一根粗粗的金项链，你是什么感觉？还有人在工作中左手戴着玉镯、戒指，右手戴着手链……不是说这些不能戴，而是在工作中，饰品不得体的佩戴会显得过于张扬个性，和职场严谨的形象不太相符。首饰配饰的使用应和身份、气质、身材、服装协调才显得有品位。

### 1. 首饰注意五条原则

简单地说，我们在工作场合戴首饰，应遵守五条基本原则。

一是以少为好，不戴也没问题。如果戴，全身不应超过三种，而且一只手上不戴两种饰品。

二是戴两件或两件以上的首饰，要求色彩、质地尽可能一致。比如女员工，戴铂金项链，如果还戴戒指，戒指也应该是铂金至少是白色金属质地。

三是适当低调。作为新员工来说，即使经济条件不错，工作场合也不应戴高档首饰，特别是容易吸引人眼球的珠宝、钻石类首饰，以及粗的金项链。特别是销售类或接待岗位的员工，如果戴得珠光宝气，要么让客人自惭形秽，不愿和你接触；要么觉得你们的产品或服务利润太高、价格太虚。工作时间适合戴珍珠或做工精良的黄金铂金首饰，穿晚装就可以戴亮闪闪的宝石或钻石首饰了。穿休闲装的时候，则适合戴个性化或民族风格的首饰。

四是正视自身特点，使首饰为自己避短、扬长，避免别人过多地关注到不完美的部位。如脖颈上有赘肉和褶皱的女士，就不适合戴具有个性色彩的颈链；耳部轮廓不太好的，忌戴过于夸张的耳坠；手指欠修长丰润的，不应戴镶有艳丽和惹眼的宝石或珍珠的戒指。圆脸女士再戴大圆耳环，会显得脸更圆。而戴眼镜的女士再这样戴，给人感觉就像奥迪车的车标一样。

五是要注意协调，兼顾服装色彩、款式，使之在色彩、风格上相互匹配。

### 2. 佩戴做到扬长避短

戒指。除非戴装饰性戒指，否则应了解通用的戒指寓意：食指表示求爱或求婚；中指表示正在热恋中；无名指表示已婚；小拇指表示是单身或独身主义者。戒指的粗细，应该和手指的粗细成正比。不是为炫富的话，一只手上不要戴两枚戒指。工作时间不戴造型夸张、另类的装饰性戒指。

项链。链坠应和项链在整体上协调一致，不用怪异或令人误解的图形、文字的链坠，也不要同时使用多个链坠。男士戴的项链一般不应主动外露。项链的粗细和脖子粗细成正比，但即使粗脖，也不应戴太粗的金项链，否则容易让人有种炫富甚至品位不高的误解（如图2-4）。

图2-4　工作场合饰品应精简

耳饰。如果不是从事艺术或创意行业，仅限女士、成对使用。作为职业女性，耳坠、耳钉、耳包更合适工作场合佩戴。耳坠不应复杂，那种下面挂了一大串、像风铃似的耳坠，就不要在工作场合戴了。大耳环也不提倡上班时间戴。

手表。工作场合戴的手表，造型应庄重、大方，避免怪异。一般正圆形、正方形、长方形、椭圆形和菱形手表适用佩戴，颜色上选择单色或双色手表，色彩清晰、高雅，黑色的手表最理想。除数字、商标、厂名、品牌外，手表上不应再出现其他图案。而怀表、广告表、卡通表等，则不适合上班时间戴。

### 3. 巧用配饰锦上添花

丝巾。丝巾能起到非常好的装饰点缀作用。脸色偏黄的女性，不应选用深红、绿、蓝、黄色丝巾；脸色偏黑的女性，不宜选用白色、有鲜艳大红图案的丝巾。服装色彩应和丝巾色彩相反，以起到画龙点睛的效果。服装色彩很亮，应用淡雅些的丝巾；而服装色彩较素，则用亮色的丝巾。

腰带。男士腰带在工服部分介绍过，只是注意遵守“皮包、皮鞋、皮带三者颜色一致”就好。

女士腰带丰富多彩。除了不要太多装饰，还要和服装协调。比如，套裙一般选择皮革或纺织的、花样比较少的腰带；暗色的服装不配浅色腰带，除非出于修正形体的需要。还要和体型搭配，比如，个子瘦高的，用较显眼的腰带，形成横线，分割一下，增加横向宽度；上身长下身短的，可以适当提高腰带到比较合适的上下身比例线上，造成比较好的视觉效果；矮胖女性，避免使用大的、花样多的腰带扣（结），也不要用宽腰带。

女士包。包也是女士重要的配饰，可以和服装起到很好的搭配作用，所以说女士永远都缺一个包。工作场合用的包，应该是实用而结实一点的，可以放得下 A4 纸大小的文件。选择时要考虑颜色和平时大部分衣服的色彩相配。整体来看，寒冷的季节一般用深色的，炎热的季节用浅色的。也可以选择同服装是一个色系的或补色系的。如果穿颜色比较繁杂的衣服，可以找服装中的任一颜色为包的颜色，形成呼应的搭配方法。

## 五、职场仪态

我们平时往往对“站没站相、坐没坐相”，或者用食指指着别人说话的人难以容忍，觉得这样的人不是没素质，就是为人太嚣张。这是因为仪态往往可以更客观地传达出一个人的素质和思想感情，并且这种了解，往往比通过口头语言了解来得更客观。

### 1. 目光：明眸不乱睐

一般交往中，沟通的时候我们把目光集中在对方面部区域就好。而初次交往，最好把注视区域集中在以两眼为底线、额中为顶角形成的三角区。

对方头顶、胸、腹、臀、手、脚及大腿都是注视禁区，特别是异性之间。

一般和对方目光接触的时间占相处总时间的1/3比较适宜，每次看对方眼睛三秒左右会让人感觉自然。

初次见面，向对方问候、致意、道别等应用柔和的目光注视对方，同时面带微笑，以示礼貌和善意。

交谈时，听者多注视说者，经常保持双方目光的接触。长时间回避对方目光、左顾右盼、直勾勾地盯着、上下打量、用余光看人、长久注视异性等都是非常失礼的表现。

同时和多人沟通，可以用环视再点视的方法表示对在场所有人的真诚和一视同仁。

当双方都沉默不语的时候，应该把目光移开；当他人说错话或拘谨的时候，最好不正视对方，以免尴尬。

### 2. 手势：自然是首要

职场中，手势讲究自然，然后才是优雅、得体。我们不必像空姐那样专业，但也应努力做到看着自然、有修养，而不是做作或粗鲁。

接待指引的时候，应站在被指引物品或道路的旁边，自己面对指引对象，右手手臂自然伸出，五指并拢，掌心向上，手背和地面约呈45度，指尖指向所要指引的方向。以肘部为轴，朝一定方向伸出手臂。指示道路方向的时候，手的高度大约齐腰；指示物品的时候，手的高度根据物品来定，手臂、手掌和物品呈一条线就可以了。这是非常自然的手势。无论指人还是指物，都不应只用食指或只用中指。

为别人做介绍时，站在两位被介绍者中间，用刚才介绍的自然的手势。当把A介绍给B时，右手指向A，面朝B；而把B介绍给A时，右手指向B，面朝A。

无论是递物还是接物，都应该用双手，至少用右手。

有些手势是失礼的（如图2－5），包括用食指指人或指示方向，用手指自己鼻尖，说话时手插口袋、对着他人竖中指，或者说话时双手过多的挥动，等等。

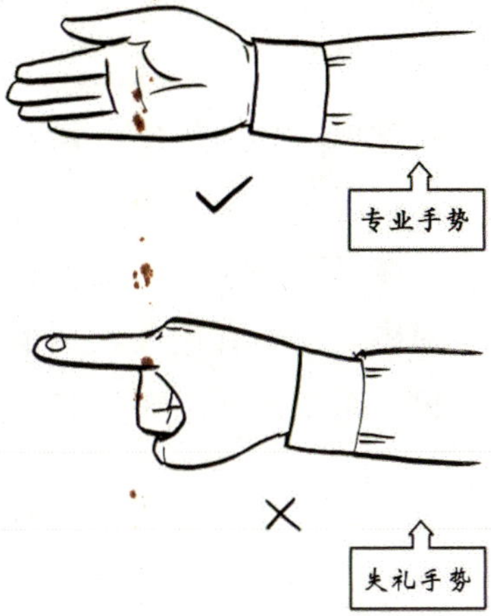

图 2－5　注意用规范手势

### 3. 坐姿：怎样才端庄

男士坐的时候膝部可以适当分开，其宽度不超过自己的肩宽；身体不能半躺在椅子或沙发里面。女士双膝并拢，双腿垂直于地面或者向左右侧放，或者一脚前一脚后。

坐下后，一般坐椅面的 2/3 左右比较得体。说话的时候为表示重视，不仅要面向对方，而且上身还应同时朝向对方。

坐姿禁忌主要有（如图 2－6）：脚跷得老高，抖腿，双腿直伸出去、以鞋底示人或脚尖指向他人，把手夹在腿间，男士双膝分得超过肩宽，女士双膝没有并拢……

### 4. 禁忌：这些不可有

图 2－6　避免让人反感的坐姿

**站姿**。良好站姿应该是挺胸、抬头、收腹立腰、两肩平齐，双手叠放、右手放在左手上、叠放在小腹前，或双手自然下垂。两脚跟并拢或两脚呈“V”状分开，双脚分开时宽度不超过肩宽。避免耸肩、含胸、驼背、屈腿、双腿大叉、趴伏倚靠、抖腿、手插口袋、双手平端或抱在胸前而站。

**走姿**。走路的时候，抬头、目光平视前方，双臂自然下垂，手掌心向内，以身体为中心前后自然摆动。上身挺拔，腿伸直，腰放松，脚步要轻并且富有弹性和节奏感。

要避免：不抬脚、蹭着地走，耷拉眼皮或低着头，抱肘，弯腰弓背，身体上下摆动，成明显的外八字脚或内八字脚走路，多人在狭窄的路上并排走，在仅容一两个人通过的路上慢慢地走在路中间……

**蹲姿**。只要有他人在场的场合，使用蹲姿时都要注意：女士大腿靠紧；男士两腿可以适度分开。同时注意蹲时上身挺直，臀部向下而不是撅起。

## 本课要点自测

1. 穿着有一定之规，“TOP” 规则是什么?

2. 公共场合，需要避免的仪态有哪些?

3. 目光注视别人的时候，要注意什么?

# 第三课

# 办公礼仪

## 案例鉴赏:祝您一路顺风

孙扬和领导一起送客户张处长去机场。孙扬记得领导的交代：道别的时候一定要说道别语。临近道别，孙扬赶紧说："张处长，那我就祝您一路顺风……"刚说完这话，孙扬发现领导和张处长的表情都有点儿不悦，不知道怎么回事，以为两位领导因道别而伤感呢。回单位后，孙扬把这件事告诉同事后才知道，"一路顺风"听起来虽好，但不是随处能说的。"顺风"对飞机来说，不一定是好事。所以在送机的时候，"一路顺风" 是不受欢迎的语言。

我们在说祝福语、道别语的时候，必须要注意语境。有些话说出来可能会起到适得其反的效果。

办公，不仅是对本单位内部，也有对外的迎来送往。关于办公礼仪，绝不是无所谓的内容。在办公当中自己的行为举止怎样，事关单位的精神面貌、团队的和谐以及交往效率的问题。

## 一、环境礼仪

有这样一家服装厂，生产的衬衫质地优良，款式新潮，很受人们的喜爱。一位知名外商慕名来洽谈订货。这位外商走进车间一看：棉花、布料遍地都是，从楼上到楼下，垃圾异味四起，不少设备上布满厚厚的灰尘，产品上缠绕着沾满灰尘的破布条，成品东一件、西一件，杂乱无章地堆放着……外商见状，大失所望，掉头就走。这家服装厂也只是昙花一现，很快在竞争中失利。

诸如此类的新闻报纸上披露过不少：一口痰吓跑一个外商，企业老总一次出言不逊导致500万元的退货……足以说明，一流产品还要有良好的企业环境，包括硬件环境、人文环境。这样才能创造出一流的、有持久竞争力的产品。

### 1. 工作环境共同维护

维护办公环境，看似小问题，实际上体现的却是一个人对工作的态度。同时，整洁、规范的环境，也更利于身心舒畅、高效地工作。前几年很热门的5S或6S培训，其中的重要内容就是工作环境的问题，做到整理、整顿、清扫、清洁、物品摆放规范……

自己的桌面必须整洁，工作时间不放除手机、台历、水杯之外的其他私人物品。办公用品或文件，应该放在固定的地方，使用后放回原位。这样在下次使用时能高效地找到。用过的材料、文件归档或放起来。桌面上摆放的文件或材料，应该是正要处理的，而不是若干天前处理过的或者几天后要处理的。下班后，桌面上的文件、物品必须收起来，保密文件、重要文件入柜上锁，桌面没有除水杯、台历之外的其他物品。

不踢门、踢墙，不在墙上或门窗上写、画。我见过不少单位的墙上有明显的刻画痕迹，墙上或门上甚至还有鞋印，这样的环境给人的感觉，就是这样的单位和员工素质都强不到哪里去。

不在办公室里用餐（本单位明确允许的除外）、不在有电脑的办公桌上吃容易有碎屑或汤汁的东西、雨雪天尽可能将鞋底处理干净再进办公室并放好雨具，不随地或在大庭广众之下吐痰、不直接往垃圾筒里吐痰，不在非指定地点吸烟、地上有垃圾主动捡起来处理掉、坐过的座椅归回原位……这些都是看起来不起眼的小事，却能客观地反映出一个人对待工作、对待单位的真实态度。

在管理规范、工作高效的单位，往往没有多余的噪声。这是因为所有人都忙于手头的工作，同时又顾及他人。所以无论接打电话、使用办公设备，或者说话、走路，还是取物放物都不应制造噪声，并尽可能降低不必要的声音，避免惊扰到其他同事。会让人反感甚至恶心的声音，必须去没有人的场所或者卫生间解决，如清嗓子、擤鼻涕、吐痰。

还有卫生间。洗手间不是个人专用，一定要照顾到他人的感受，用后冲洗，手纸进纸篓，用手开关门而不是用脚，都是基本素质要求。洗手后，用擦手纸或吹手机把手擦干或吹干而不是甩干或在衣服上擦干，同时把弄湿的洗手池台面也应擦一下。

### 2. 办公物品珍惜着用

使用办公设备的时候，至少不要人为地破坏。就像使用打印机、复印件、扫描仪或传真机，如上面有布覆盖时，使用后仍然应该盖上。用时应轻巧使用，不能不是自己的东西，就随便摔、拍。出现故障自己处理不了的，及时反馈修理，不可以装作不知道。单位的车辆，应该当自家车一样珍惜使用。如果人为地不爱护或故意破坏，这已经事关一个人职业道德的问题了。

注意节约办公能耗，不要做无谓的浪费。比如仅供自己看的资料，如单位允许，纸张可以正反面使用，“双面用，不丢份儿”。

爱护办公物品还包括不要公物私用。我见过有的员工爱喝咖啡，但又懒得洗杯子，于是就拿单位待客用的一次性纸杯冲咖啡喝，喝完咖啡就把杯子扔掉，“很方便”。但无形中浪费了大量的纸杯。

养成最后离开一个屋子时，随手关好门窗并关闭电源的习惯。

接待时如使用水杯，接待结束后将一次性杯子放到指定地方，其他杯子清洗后归回原位。

长时间不用电脑，启用“待机”模式。关电脑时除了要关闭主机，显示器也应关掉。关机后，电源插头也一并拔下。

夏天的空调温度在26℃～27℃，人体舒服、健康，而且也最节能。

用自来水，能用小水就不用大水，用过之后随手关好水龙头。节约用水，人人有责。

### 3. 职场不要拉帮结派

刘新竟然被公司辞退了。大家都还记得两年前刚入职的时候，刘新非常风光，因为工作上的突出表现，每逢大会必被表扬，俨然成了公司人才储备的第一梯队。但随之而来的，刘新和公司总经理热门人选肖总监越走越近，在外人看来，他就是肖总监的人。可就在上个月，公司无意中发现了几乎被掩盖的渎职案，以及背后的经济问题。肖总监不仅没能成为总经理，反而因违法而被起诉。虽然最终没有发现刘新的问题，但也因此被公司辞退。

刘新事件确实是一种职场现象，这种情况带来的负面影响是不言而喻的。

做好本职工作，以成绩说话是最起码的要求。现在的社会，都得凭能力说话。正常情况下，任何领导都难以提拔没有能力和才干的员工，毕竟将来要面对的是社会的竞争，而不是过家家。团队里，也希望能有更多“力量型”的同事，从而创造出“1＋1＞2”的效果，而不是拖大家的后腿。所以，不要指望靠拉帮结派给自己带来便利。

也有人觉得拉帮结派至少在出现“问题”的时候，会有人站在自己这边，替自己说话。事实上，对于无关原则的小问题，没有人会过于计较，毕竟谁也难免。但对于原则性的甚至造成重大损失的问题，即使关系不错也难以帮助蒙混过关，毕竟都有明确的规章制度。

另外，还要注意保持相对独立，交往中尽可能和绝大部分的人处理好关系，避免主动树敌。不必把同事分个三六九等，划等级交往，至少不要太明显。与所有的同事尽可能保持必要的往来和起码的礼貌。或许有个别人不买账，也不必介意，应站在团队的高度，不必与之计较，做好自己就好。这也是一个单位和谐人文环境的要求。

### 4. 避免不良职场习惯

某单位领导跟我讲，他们发现居然有的员工把公司办公用的日常消耗品带回家私用，甚至卫生间里的手纸也一次撕很多装回家用。或许大家身边就有这样的人：一起外出消费时从不“出血”。这些不起眼的小习惯，让人非常反感甚至鄙视，这样的人怎能有良好的人际关系！

办公室是个特殊的环境，大家因共事而相聚。在这样的环境中，大家相对更容易对他人的行为敏感、在意。如果不注意坏的习惯，很容易影响单位的人文环境。

（1）注意文明

有的人进出别人办公室从不敲门；有的人甚至坐的时候，不坐椅子、凳子，而是坐到办公桌上；还有的人坐完起身离座，从不把椅子归回原位。对于有抽烟习惯的人，非抽烟区、有女士的场合都不应抽烟，特别是有孕妇在场时，这是基本礼貌（如图 3－1）。而想吐痰或者擤鼻涕时，应该回避，不要当众就来。

图 3－1　不要在非抽烟区抽烟

对于习惯有不文明口头禅的人，私下里、好哥儿们之间聊天，偶尔蹦几句可以理解为这是真性情、相互间不拘束。但在工作场合甚至当着异性同事的面爆粗口，那就是不文明的表现，是个人素质问题了。

（2）尊重隐私

同事之间互相关心、闲聊家常是正常的事。适度可以增进友谊、促进工作，过度则有点窥探隐私的嫌疑了。所以，即使关系再好的同事，对于别人刻意不提的私事，都不应“打破砂锅问到底”。还包括不传播同事间的八卦，捕风捉影、颠倒是非、论人长短这些让人反感的行为。

（3）不要太随意

同事间有些“太随意”的行为，往往让人反感。比如，借东西总忘还；随口答应的事情，过后就忘记；喜欢用批评或指导的口气说话；不经他人同意，随便翻别人东西甚至不打招呼就“顺”走；一同吃饭买单时就装醉等。不应该有的“随意”行为还包括：工作中经常越级汇报、无视规章制度、办公室里说方言、办公室里接待私人关系、工作时间干私事、上班总迟到、请假总是先斩后奏……这些看起来随意的行为，不仅同事、领导反感，也不是职业人应有的行为。

## 二、通信礼仪

通信设备，是现代社会的重要标志。各种通信设备的使用，极大地提高了人们的沟通、交往效率。但通信有别于当面沟通，所以也容易带来一些问题。

### 1. 电话接打讲究很多

今天的例会上，领导公开批评了小张。原来，小张经常接办公室的电话，而又总是把领导、同事的个人手机号给各类陌生的电话推销人员。这倒不是小张有意散发大家的手机号，搞恶作剧，而是那些推销员打来电话，问起领导、同事的姓名、电话，他都不加过滤地一一告知。毫无疑问，这给大家平添了不少烦恼，经常要花不少时间去应付这些莫明其妙的电话。

座机电话，是现代办公不可缺少的工具，当然极大方便了我们的对外沟通。但同时也带来很多问题，影响形象和效率，需要我们在工作中多注意。

（1）电话基本礼仪

很多人都曾被这样的情况误导：电话沟通中感觉对方很冷淡，并因此在和对方的电话交往中忐忑不安，甚至有些反感。但见面后却发现，对方是非常热情的人。这并不是电话欺骗了我们，而是对方在电话中的声音没有传达出积极的感情色彩。这就告诉我们：电话沟通应和见面沟通一样，努力表达出积极的感情色彩。

接电话前不应有负面情绪，如有负面情绪实在不好控制时，还不如暂时不接电话。如果拿起电话，就要做到放松心情、保证有良好的情绪。

对外打的电话，如果你要找的人不在，需要接电话者代找或转告、留言的时候，必须表现出起码的礼貌，主动告知你的基本信息：姓氏、单位、事由、电话等。

电话意外中断，一般由打电话者或身份低者再拨过去。

通话的时候，做到举止得体，不要有那些可能影响声音情感的仪态，比如趴、仰、斜靠或双腿高架。更不能在通话时吃喝东西，那些动作对方能在电话中听出来，除非你们关系铁到可以不拘小节，否则会显得很无礼。

通话结束时，要有明显的结束语之后再结束通话，不要让人觉得电话结束得太突然。一般谁先打出谁先结束并扣下电话；接电话，可以让对方先结束电话。不管是打还是接，也可以让尊者先结束电话。结束通话时，需要告知对方，比如说“好的，今天就聊到这儿”等。一般不说“行，那你挂吧”，对方还谦让地说“你先挂，你挂了，我再挂”“好吧，我挂了”。网络语或口语中，“挂”还有另外一个不好的意思，所以我们在结束电话的用语上，应该避免和对方说谁先“挂”的问题。

结束电话的一方，扣下听筒后，再和其他人说话。

不占用办公电话处理私人事情。如有必须要接的私人电话，必须三言两语就结束，私事无条件为公事让路。

（2）打电话礼仪

工作时间不打私人电话，这是基本礼貌。

对外打沟通公事的电话，事情较复杂时，拨电话前就应做好准备。比如把受话人的姓名、电话号码、通话要点等内容列出一张“清单”，以方便有条理地沟通。

对外打因公的电话时，要考虑时间是否合适，不能随心所欲。应该是双方预先约定的时间和对方方便的时间。那什么是对方方便的时间呢？

如果是公事，就应在工作时间。一般是早上 9 点以后和下午 5 点之前。不是十万火急的情况，不要在休息时间打工作电话。

帮你转接电话的人，不管是总机还是其他人，都应表示出起码礼貌，“请”“麻烦”“谢谢”等不离口。

电话接通首先问候“您好”，再介绍你是什么单位的谁、找谁。以便让接电话的人明白是谁打的电话。不要一上来就“喂”对方，或是开口就说事情，让对方莫明其妙。

既然电话因公而打，就必须对通话的时间长度有所控制，以短为佳，宁短勿长。提倡的“三分钟原则”，并不是掐到三分钟就结束电话，而是尽可能限制通话的时间长度，节省双方时间。另外，接听电话时间一长，对方就容易思想不集中，影响通话效果。

确实需要时间较长的电话交谈，在通话之初就应告诉对方这次通话的大致时间长度，在获得对方许可的情况下再继续。

对于很少电话联系，或者好久没有联系的人，应有一个简短寒暄，然后再聊正事。主题内容交谈完毕后，再简单复述一下通话内容，就可以结束通话。

（3）接电话礼仪

我们提倡电话铃响三声之内接听。不应在第一声就接，这样做会让对方吓一跳，如果是领导的电话，可能觉得你没事干就守着电话。而再晚接，也会让心急的人以为没人接听。因故三声之后才接话，通话后首先致歉。

按照商务惯例，接后应以“您好 + 单位简称”开头。当自己的电话是分机，应以“您好”或“您好 + 所在部门简称”开头。最标准的做法是“您好 + 所在部门简称 + 姓名”。

接听的时候，暂时放下手头工作。正在和别人谈话时需接电话，先示意和自己交谈者暂停沟通，并在接完电话后向对方道歉。如果手头的工作太紧，而来电不是必须立即处理，就在接通电话后说明原因，表示歉意，同时约好具体时间并主动打过去；出于礼貌，可以再次向对方致歉。

别人接电话，不要在边上插嘴或说笑，否则电话那头的人会在听筒里听到（如图 3－2）。

（4）代接电话礼仪

刚来的小周，因为接电话的问题，被主管批评过好几回。说起来不是什么原则性的大问题，但就是让人感觉不专业。用合作方刘总的话说：“你们的小周，听电话不成熟，太孩子气。”原来，小周代接电话时非常实在，会百分百告诉对方要找的人实际行踪，比如“张工去财务室了”“杨经理刚去厕所”“小江今天去医院孕检了”……其实怎样代接电话也是一门艺术，既要表达出对方想要知道的信息，又要注意保密、注意文明。

**图 3－2　他人接打电话勿在边上说笑**

找同事的电话，不应直接拒绝对方代找的请求，尤其不应表达出对所要找的同事口有微词，这是起码的礼仪素养。

代接电话，不必向来电者询问他和所找之人的关系。

当所要找的人在附近，迅速请对方来接听，但不要大声喊叫。我见过有的人居然能用丹田之气，从一楼喊向二楼找人。在没有授权的情况下，不要随便说出对方所要找的人的私人手机号码、实际行踪。

对方要找的人不在，应向来电者询问要不要帮忙转达。替同事转达的时候，做好电话记录，以便让同事知道大概事项。记录的信息要包括：来电者的单位名称、姓名、电话号码（应询问号码，而非只看来电显示，因为有些座机电话有分机号）、事由，是否要回电或回电时限，来电时间。其中如有涉及地址、电话号码或电子邮箱等易错信息，必须在通话结束前再复述一遍。然后尽快转告，不到万不得已，不要把转告的内容，再托付其他人转告。否则，话越传越多，既容易使内容走样，也容易耽误时间。

除了因要转告而问对方的基本信息外，不应再问其他无关信息。当对方问话时，也不应随意回答、介绍甚至承诺。可以告诉对方，你会请同事和他直接沟通。

（5）电话过滤礼仪

现在电话营销行业很兴盛，也使得我们经常接到各种推销电话。这类电话，往往直接找领导，虽然他们不一定知道领导姓甚名谁。这就要求我们在平时的工作中，有基本的电话过滤意识。尽可能过滤掉陌生无用的营销电话。

首先注意不知道领导姓名的电话，应礼貌地询问对方单位名称、对方姓名，不是平时业务往来的单位也不能确认是否为电话营销，可以继续问对方有什么事情、对方的联系方式，告诉对方会转告或转接。这时候基本能够分出是不是推销电话了。

对于知道领导姓名的电话，先问对方的基本信息是个好习惯：“请问您贵姓？请问您的单位是?”不是广告电话，领导也在，再请领导接。领导不在或领导示意不方便接时，可以说“这会儿不在座位上”，再问来电原因，并记下对方姓名、单位名称、电话、事由，及时转告领导。

对于经常联系者的来电，请领导接之前先告诉领导，对方是谁，以让领导做到心中有数，方便领导直接称呼对方，也让对方觉得他被重视。

不排除有时候对方什么都不告诉你，而且不礼貌。这时候可以坚持："很抱歉，不知道您是哪一位，不好转告领导，领导也没法接电话/给您回电话。"如果对方真的有公事，至少会告诉你，对方单位名称、他姓什么。

对不是常联系的往来单位，不要随便说出领导的姓名、实际行踪甚至个人联系方式。即使找同事的电话，同事不在时，也不能随便提供同事的真实行踪、私人联系方式。

## 2. 传真收发并不简单

随着其他通信手段的增加，传真这几年明显用得少了，所以导致不少人对传真礼仪不了解、不重视，有时因此影响效率甚至出差错。

（1）外发传真

注意首页。并不是所有传真都是人工接收，也不一定都是你的接洽人亲自接收传真。所以为方便对方的转交，就要注意处理好传真的首页。可以先设置好传真首页的抬头，或者包括其中的主要内容：收件人单位（可以是简称）、部门、姓名（有职务时应加上职务），共几页，发件人单位、联系电话、收件人姓名等信息。方便对方知道是谁发来的传真，区别于随机发的传真广告，方便对方准确地转交给相关人员，也方便万一有传真内容不清楚时，对方可以准确地联系到你。这些内容，打印或者手写都可以。

这是一页传真首页上方的内容设置，可以参考：

| | |
|---|---|
| 至：×××公司人力资源部 | 从：×××公司客服部 |
| 收件人：×女士/先生 | 发件人：×× |
| 传　真：021－12345678 | 传　真：010－12345678 |
| 电　话：021－87654321 | 电　话：010－87654321 |
| 总页数：3 页 | 时　间：2015 年 3 月 5 日 |

注意字号字体。一般传真材料的文字字号，比日常打印文件的字号应

该大一号，以确保传真过去的文字清晰、方便阅读。不要使用笔画太细、粗细变化较大、有变形或笔画看起来拥挤的特殊字体，比如楷体、隶书。否则打印出来的文件传真后容易看不清。而像宋体、黑体、魏碑效果都不错。

其他注意事项。对于一页以上的传真，每页都应标注页码，以便让接收者发现有不清晰的地方能准确说出补发哪一页。传真盖有公章的文字材料，要把章盖得清晰，这样传真过去后，才能清楚。不宜用其他颜色的纸传真，否则既不规范又会浪费传真机扫描的时间，并且发过去的传真内容背景可能是深色甚至黑色，影响传真效果。

传真的沟通。发传真之前，先联系接洽人，告知多久之后会发传真。如果对方是人工传真，而且接起传真电话的不是接洽人，应告诉对方你是哪个单位、是谁，给什么部门、什么人发几页什么文件，请求对方给传真信号，并表示感谢。传真的时候，确保传真所有的内容文字方向一致，方便对方阅读。传真发送完成后的半小时左右，再联系接洽人，告知：什么时间、发到什么号码（对方提供过两个以上号码时）、共几页的传真，询问是不是清晰。遇到不清晰的页面，马上补发。

（2）接收传真

接收传真，要注意的事项相对就少一些。

如果是自动传真，只要在接到传真后，交给传真收件人就好了。传给领导或自己的，应在收到后的几分钟，回复对方收到几页、是否清晰，让对方放心。

如果是人工传真机，接传真电话时先询问对方是什么单位，以确保不是广告类的传真电话。核实好后再给传真信号。并且在收到后的几分钟同样应回复对方：收到几页，是否清晰。

如果是用热敏纸的传真，对于重要的、必须保存到几个月以上的传真内容，收到传真后应该复印一份备份。否则时间一长，热敏纸上的字迹就会逐渐变淡甚至完全看不到。

### 3. 手机虽小乾坤很大

手机是现代人基本的通信手段，随着智能手机的普及，给人们带来方便快捷的同时也使人与人之间多了一分陌生。很多人都患上了手机综合征：手里不拿着手机就不习惯。甚至很多人一部手机、一台电脑、一杯茶就可以独自过上一天。随之而来的，就是手机一定程度上妨碍了人们更具感情色彩的面对面交往。不管是远在天涯还是近在咫尺，动不动就说："我给他打个电话就行了。"

商务场合，手机应放在随身的包里、上衣内袋里。不要拿在手里、挂在皮带上甚至脖子上。因公使用的手机，手机套不宜用卡通或者颜色艳丽的。

（1）手机接打礼仪

工作时间，不要总是编发私人短信、接打电话，这些私人事务应该在休息时间或者下班时间处理，这也是基本常识。

开会的时候，把手机关机或调成震动状态后，放在不起眼的地方，如背后、手袋里、衣服口袋里，尽量不放在桌上。

平时和别人谈话的时候，关机怕影响和外界的联络，可以把手机调至震动状态。参加宴会，要把手机调成静音、震动状态。

公共场所接打电话，音量必须适度，以尽可能不妨碍和影响别人为宜。遇到手机信号弱的时候先挂机，过一会儿再联络。信号弱时即使你的音量再大也无济于事。

手机只是一种沟通载体，不应什么事都靠手机来解决。一些重要、复杂的事，还是应该面对面沟通解决。这样既富有效率，又能增进彼此的情感沟通。

（2）短信与彩铃

在和别人面对面沟通的时候，不可以当面编写、查看短信。

不管是短信或微信，既然是你发出的，意味着你赞同或至少不否定短信的内容，从而也反映出你的品位和水准。所以不编辑或转发低俗、不健康以及社会敏感话题的短信。发给领导或客户的节日祝福类短信，不宜有歧视、恶搞的内容。

不要以为别人只认识你一个人。因公发短信给不太熟的人，应该在自己姓名前面加上本单位简称。那种没有任何署名、群发的信息，只能说明你曾经消费过短信费，没有其他效果。

短信内容当然要简短。内容编好之后，养成浏览一遍再发送的习惯，以最大可能避免歧议和误会。短信的收发上，一般一来一往就行。比如节日祝福短信，收到短信后回复就行了，不必再来来回回地谢个没完。

我们知道太晚不宜给人打电话，其实短信也同样不宜发送，但这是很多人都不注意的问题。

短信只是起着辅助的沟通作用，重要、紧急或复杂的事，还是应该打电话或当面沟通（如图 3－3）。发短信的时候，万一对方手机关机，或者手机提示音太小，都有可能没能及时看到而误事。

图 3－3　重要或复杂的事，最好当面沟通

我曾听说有的员工，有重要事情向领导请示，或者因私事请假这样郑重的事情，都能慢条斯理地用短信代替电话。这就有点本末倒置，轻重不分了。短信始终不能代替电话，并且属于简短而且是补充式的沟通方式。

因公往来的短信，收到后及时回复，以免让对方担心是否收到或你不想搭理。一时没看到而回复晚了，应该简短说明原因并致歉。

短信还有一个用途，就是用来提醒。如果事先已经约好某件事，怕对方忘记，可以用短信提醒一下而不必直接打电话。短信就显得非正式而且亲切、随意得多。

因公使用的手机彩铃不能随心所欲，像恶搞类的、玩笑类的、低俗类的，都不宜选用。

## 4. 易忽略的邮件礼仪

不知道为什么，一直和张译联系的合作单位的孙科长，好多次都问张译的主管，是否还有其他人可以联系。张译的主管百思不得其解：孙科长与他们单位合作多年，还没有出现过这样的情况。主管后来私下和孙科长沟通后才得知，这都是张译的问题。孙科长是个工作严谨的人，但自从和张译联系后发现张泽的邮件签名个性十足：张牙舞爪。孙科长发给他的邮件，经常两三天后才有回复的消息。给孙科长发的邮件，连个邮件主题、落款都没有，忘发附件也是常事……孙科长说，对于这样不严谨的人，他实在不想浪费时间。

电子邮件不是正式的沟通方式，但并不意味着可以随意。需要注意邮件设置、正文内容、查收回复这三方面的内容。

（1）邮件设置

我在这里介绍的是因公使用的邮件。为使邮件更加规范、便捷，邮件设置包括发件人名称及自动回复设置等两个方面。

最好把发件人名称设置成“单位简称＋自己姓名”，或者是“单位简称＋所在部门简称＋自己姓名”，以方便对方了解邮件是谁所发，方便对方及时处理，并和垃圾邮件区别开。要注意的是，因公使用的电子邮件，即使不想把发件人设置规范，也不应把发件人名字设置得过于个性化甚至有恶搞意味。

可以设置自动回复，这样就能在接收到邮件后，马上通知发件者。我见过很多因公使用的自动回复邮件，连个落款都没有，只是简单的一句“您的邮件已收到，会第一时间和您联系”，这对于收到自动回复的人来说，还是不清楚邮件是否收到。既然要设置自动回复，就应尽可能规范一点。自动回复的邮件回复内容应该有落款，姓名、单位名称，或者两者都有。最规范的自动回复设置应该包括自动回复的说明、自己的办公电话、单位名称、部门、姓名等联络信息。

（2）正文内容

商务邮件的内容格式，应该根据书面信函的格式和规则来写。文字的字体及颜色，以方便阅读、颜色不刺眼为宜。选用电子信纸，宜用庄重的，修饰不宜过多。邮件内容讲述必须简洁，用语礼貌。注意及时回车换行，以方便阅读。避免使用网络语言及符号，以免对方不理解而使交流受阻甚至产生歧义。相对手写来说，键盘打字更容易出错，所以在写完内容后，必须检查文字是否有错。

很多因公使用的电子邮件落款，可以先把自己的单位名称、所在部门、姓名、联系方式设置好，省去了每次发邮件都写的麻烦，方便又规范。

邮件主题，就相当于信封上的“收件人”，应该规范一点，通过这个主题，让收件人知道这封信就是发给他的，而非垃圾邮件。邮件主题，最好能写清对方单位简称、对方姓氏加上职务；如果单位简称比较短，还可以加上邮件内容简化说明，如“华西李经理收协议”，这样对方就能明确这封信是发给他的什么邮件，何时处理。

发送附件前，注意了解一下对方的邮箱能否支持你要发附件的大小，并在邮件内容中说明你发了附件。一般来说，以自己公司的网址为后缀的邮箱，往往邮件附件都小，我所见过的单位邮箱附件一般都在 10 兆以下。点击“发送”前，再检查一下邮件：邮箱地址、称呼、涉及的数字有无错误。

很多人都没有养成随时查收邮件的习惯。发送邮件后最好再通知对方查收，特别是重要邮件或要紧急处理的邮件。

（3）查收回复

对外使用的商务邮件，必须定期查看收件箱，以便及时处理来信。定期删除不需要的邮件，以便留出邮箱空间。

和书面信函一样，电子邮件也要及时回复，避免发件人担心邮件是否被收到。一般应在收到邮件当天回复。问题较难处理或太忙而不能马上处理，先简单回复，告诉对方邮件已收到，正在处理之中，并说明具体多长时间予以回复等。即使邮件有自动回复功能，也需要这样处理。

刚才我讲过，电子邮件不是正式的沟通方式。所以在重要或紧急事项的沟通上，还是应该使用其他沟通方式，如电话、传真或者面谈。

### 5. 微信 QQ 不可失仪

白经理这个月已经第三次批评张歆了。说张歆没时间观念，不讲究工作效率。原来，张歆和同事、白经理，甚至是和单位客户的工作沟通，基本都用 QQ 或微信。见面、电话 2 分钟就能说清楚的一件事，她非要在 QQ 或微信上反反复复沟通十多分钟。这种不讲效率的做法，职场上怎么会受欢迎呢？当然会受到领导的批评。

这里主要介绍最常用也是最容易出问题的微信礼仪和 QQ 礼仪，特别是新员工在这方面出现的问题较多。

（1）名称使用

不管是微信还是 QQ，如果涉及因公使用，务必要注意名称。和邮件一样，使用个性化名称没有关系，但不应用搞笑的、古怪的、让人引起歧义等过于个性化的名称。因公的 QQ，当然最好使用规范名称，比如公司名称、个人姓名等，以方便辨认你是谁。当对方是个性名称，不管是微信还是 QQ，都可以通过“设置备注及标签”或“更改对方昵称”等方式，改成“对方单位简称 + 对方姓名”或“对方单位简称 + 对方姓氏 + 职务简称”。

个人签名注意避免使用过于消极或者不健康的内容，毕竟这是因公使用。我见过有人的签名是“本人已死，有事烧纸”，虽然看起来幽默，但显得有点不严肃，不宜因公使用。

（2）内容表达

称呼上也应和见面时一样，不能随意，这毕竟还是因公交往的范畴。有人动不动就称呼“亲”“亲爱的”，如果不是很熟的同性之间，又不想让人误会或者反感，建议不要这样称呼。

既然有及时性特点，发送的内容对方同时就能收到、看到。所以要养成发送前再审核一遍的习惯，避免有错字、别字、容易引起歧义的话或图释，以及可能泄露单位机密的内容。同时要审核接收人是否是你要发消息的人或群，以免发错对象。

在表述方式上尽可能多用短句，勤用段落，这样更加方便对方阅读。

还要注意标点符号。很多人都不注意及时通信工具的标点符号，我见过不少人发过来的话，基本都是感叹号。不知道这是为图省事随便加个符号，还是本来就是为显示对沟通的不耐烦。

微信语音用着很方便，但有关数字的内容，还是要尽量少用语音微信，避免对方因听不清数字而产生误会。而且语音微信有时候对方不一定方便听，比如会场上。

不管是QQ空间还是微信朋友圈，不要盲目为点赞而点赞，因为并不是所有内容都适合简单地点赞（如图3－4）。对于为点赞而点赞的，势必让人反感，比如别人明明发的是烦心或忧伤的事情时。而对于在微信的朋友圈里不停地发内容刷屏的，也同样让人非常反感。

图3－4　赞不要随便点

而让人反感或容易引起误解的内容，甚至“不转发走霉运”“不转发死全家”这样的内容，就不应该再转到朋友圈或QQ空间里了。

微信是在手机上使用，即使晚上休息，手机一般也就近放着。所以发微信也应注意时间问题，比如别人的休息时间，就不应再发微信了。

（3）慎用图释

微信或QQ上的图释丰富

多彩，和满屏黑压压的文字比起来，确实生动而有趣。但因公使用时，应少用并避免滥用，不用容易产生误会或格调不高、不健康的图释。

应该和电话或者当面沟通一样有礼貌，表达出“来有影、去有踪”的专业素养。时不时冒出来“诈尸”，是非常让人反感的。正式说话之前先打招呼；沟通结束有结束语。避免对方想继续和你沟通，你却突然之间不在线而误事。

微信或QQ虽然便捷，但毕竟还是辅助通信手段，不能当成唯一的通信方式。重要、正式、紧急的事宜，还必须通过传统的方式，比如电话、书面信函甚至面访完成。

### 6. 快递收发高效有礼

这几年快递业迅猛发展，大大方便了我们的对外沟通。比如文件材料、货物通过快递的方式，既快捷又降低了办公成本。这当中有几点我们需要注意。

（1）注意时机

发同城快递，一般第二天就收到；外地城市一般三四天就收到，而个别的快递公司外地也能48小时送达。但这些，只是“在一般情况下”。遇到物流高峰期、重大的节假日期间，都是例外。这些时期，要么物流负担重，要么快递人员休息。比如现在的“五一”“十一”“双十一”“双十二”期间网购成风，快递派送过于积压致使派送速度变慢。还有春节期间，绝大多数的快递公司都休假。所以这期间需要快递文件的话，务必考虑这一点，考虑好发的时间，确保对方能在需要的时间内收到，不要全凭想当然，以免误事。

（2）确认地址

快递和以往的信件邮寄不同，快递都是凭地址和电话来送件，而不是邮编。所以地址的明确无误非常重要，应该和收件方确认好地址、路牌号、房间号。收件人的电话，应该有对方的手机号，如果再加上固定电话就更好了。这样方便快递员随时能联络到收件人。不管是电话还是地址，书写的时候务必工整、清晰。同时，对于贵重物品应该做好保价；而易碎物品，除了自己要做好包装，还应告知快递员，让他们也贴上相应标签。

发快递之后，告诉对方约在什么时间内送到，以便让对方知道注意查收。同时保留好快递底单，方便日后查询使用。

（3）签收礼仪

对于贵重物品，应该当场打开快递并查验后再在快递单上签字。另外，对待快递小哥应有基本礼貌，不应上门收件慢一点、晚一点或送件迟一点而发火。及时取件、派件是他们的职责，尽早取走或送出是他们的愿望，但有时候超大的工作量也让他们心有余而力不足，所以没必要拿快递小哥开刀，对着他们发火。

收到快递后及时告诉发件人，以让他们放心，不应等对方焦急地来电催问。

特别想告诉新员工的是，有些人用单位的地址收发个人快递，本也无可厚非。但要注意，不可以频繁用工作时间欣赏甚至传阅从网上淘来的“战果”，那样做就欠妥了。这些，完全可以利用中午休息时间处理。

## 三、见面礼仪

李晨在机场无意中遇到客户周总，赶紧上去寒暄。看到周总同行的年轻女士带着一个可爱的两三岁的孩子，就热情地和周总说：“这是您女儿吧？您的孙子好可爱……”这时候，他看到那位年轻女士脸红了，周总脸上也有些不自然。而孩子这时扑向周总：“爸爸抱……”

李晨的冒失，不少职场新人身上都有。现在是个包容的社会，夫妻之间年龄有些差距绝非个例，但有时也可能是先生或妻子长得着急一些。推而广之，我们在交往中不应随便凭主观想象来猜测对方的年龄、与其他人之间的关系等。

### 1. 称呼：不可以任性

正确、恰当的称谓，不仅反映了自身的教养、对交往对象的尊敬程度，甚至还体现着双方关系的发展程度。称谓总的要求是：称谓得体、有礼有序、符合身份及关系。

据《华商报》报道，2008 年 2 月，某项世界杯决赛后的新闻发布会上，一位体育明星在一次答问中称加拿大选手哈特莉为“胖子”，海内外媒体哗然。众所周知，给人取外号或以人的生理特征来称呼他人，是不尊重他人人格的表现。

（1）得体称谓

可以对方的职业相称，也可以对方的身份相称。职务、职称前面加上姓氏作为称呼很常见，如“王经理”“刘局长”“张高工”“李教授”等；如果是本单位、本部门的领导，也可以只称呼其职务，如“经理”“主任”等。职务前加上姓名，适用极正式场合，如“李克强总理”；有职称的，特别是高、中级者，可直接以职称相称；有博士学位的，称呼时应以姓氏或者姓名加上博士学位名称，如“杨博士”或“杨云博士”。在对方身份不明的情况下，以性别相称，如“先生”“女士”“小姐”。如果对方是从事文化教育、艺术工作的知识分子，称呼“×老师”比较妥当。对年长者称呼要恭敬，不要直呼其名，如果是有身份的人，可以把“老”字和其姓倒置，这也是一种尊称，如“张老”“王老”；对同辈人，可以称呼其姓名，有时甚至可以去姓称名。称呼时态度要诚恳，表情要自然，体现出你的真诚，并可以借助声调、热情的笑容和谦恭的体态表达尊敬之情。

（2）注意事项

怎么称呼事关对方的身份和尊严，交往中要注意称呼的注意事项，避免产生误解。

不能为了套近乎而在他人面前、工作场合称呼自己的领导以“老”字加上姓氏，如“老王”“老赵”等。

称呼他人绰号是不礼貌的表现，特别是在职场这种泛泛之交的情况下更是如此。

有些称呼具有一定的地域性，在其他地域的人听来可能会引起误会，如“师傅”“小鬼”“靓妹”等，具有地域性特征的称呼不宜不分对象地滥用。

注意不当简化。职场交往场合，称呼不宜随意简化。例如，把吴工程师称为“吴工（蜈蚣）”，项工程师称为“项工（相公）”（如图 3－5），对方姓宫，称为“老宫”，“范局长”称为“范局（饭局）”，就令人啼笑皆非了。

图 3－5　避免不当的简化称呼

以生理特征称谓是不礼貌的，比如：四眼、瘸子、胖子、麻杆儿等。

年龄相近的异性之间，一般不宜只称呼名，除非你们很熟并且大家都这么称呼。

职场交往中，像“大哥”“大姐”“大叔”“阿姨”之类的私人称呼是让人反感的。

## 2. 致意：得体是王道

所谓致意礼，就是见面时向对方表达问候、欢迎、友好时候的举止。我们常见的致意礼节有下面几种。

（1）握手礼

1972 年，可以说在世界外交史上有着重要影响的一年。当美国总统尼克松走下飞机，与中国总理周恩来的手紧紧握在一起时，周恩来总理说：“你的手伸过世界上最辽阔的海洋来和我握手！”随后，中美关系掀开了新的一页。

握手是世界上最通行的致意礼。握手，不仅是将尊敬、礼貌传达给对方，更是在握手过程中将彼此的诚意与友好表达出来，拉近彼此的距离。

**何时握手**

根据惯例，需要握手的场合有：

1）和他人第一次见面时；

2）被介绍给不认识的人时；

3）表示感谢、恭喜、祝贺时；

4）遇到较长时间没见面的熟人时；

5）拜访他人后，在辞行时；

6）向他人赠送礼品或颁发奖品时；

7）对他人表示理解、支持、肯定时；

8）向他人表达安慰、鼓励或同情时；

9）在比较正式的场合和认识的人道别时；

10）在社交场合，偶然遇上亲朋故旧或上司时；

11）在以本人为东道主的社交场合，迎接或送别来宾时……

**握手顺序**

握手要遵循“尊者先伸手”的原则。如果是公务场合，职务、身份高的人先伸手；社交场合女士则是尊者，如果对方是男士，无论身份多高，女士都有权决定是否和他握手，如果女士没有先伸手则男士只能用其他致意方式。

在接待来宾时，这一问题变得特殊一些：当来宾抵达时，应由主人首先伸出手来与来宾相握；而在来宾告辞时，就应由来宾首先伸手来与主人相握。前者是表示“欢迎”，后者就表示“再见”。这一次序颠倒，很容易让人发生误解。

对于新员工来说，在交往中本来先伸手的机会就少，所以谁先伸手这一点要特别注意。

**怎样握手**

握手时，距对方约一步远的距离时站定，两脚立正，上身稍向前倾，伸出右手，四指并拢，拇指张开，虎口相交并握住对方的手，大拇指自然下滑，向受礼者握手。

握手时双目注视对方微笑致意，不要看着第三者。

不要随便用双手和他人握。如果对方是老朋友，也可以双手相握，用左手盖在对方右手上以示亲切。一般要将时间控制在三五秒钟以内。如果要表示自己的真诚和热情，也可较长时间握手，并上下摇晃几下。以汗手相握是不礼貌的，可以在包里准备上手帕，提前擦拭，也可以用整理衣服的动作把手上的汗拭干。

如果人数较多，可以只和相近的几个人握手，跟其他人点头示意，或微微鞠躬就行。为避免尴尬场面发生，在主动和人握手之前，应想一想自己是否受对方欢迎，如果察觉对方没有要握的意思，点点头就够了。

**握手禁忌**

不要将另外一只手插在衣袋里或拿着东西。

不要把对方的手拉过来、推过去，或者上下左右抖个没完。

不要面无表情、不置一词或长篇大论、点头哈腰，过分客套。

不要戴着手套或墨镜，在社交场合只有女士戴着薄纱手套握手被允许。

不要用左手相握，尤其和信仰伊斯兰教的人打交道时要注意，因为他们认为左手不洁。

不要仅握住对方手指尖，好像有意与对方保持距离。应握住整个手掌，即使对异性也应这样。

不要交叉握手。基督教信徒认为两人握手时与另外两人相握的手形成交叉状像十字架，不吉利。

不要拒绝握手，即使有手疾、汗湿或弄脏了，也要和对方说声“对不起，我的手现在不方便”，以免造成不必要的误会。

（2）点头礼

又叫颔首礼，它所适用的情况主要有：遇到熟人，在会场、剧院、歌厅、舞厅等不宜交谈的时候，在同一场合碰上已多次见面者，遇上多人而又不好一一问候时。行点头礼不应戴帽子，头部向下轻轻一点，同时面带笑容问候对方。不要反复点头不止，点头的幅度也不必过大。

（3）招手礼

行招手礼的场合和行点头礼的场合大致相似，它最适合向距离较远的熟人打招呼。行招手礼的做法是：右臂向前方伸直，右手掌心向着对方，五指并拢，轻轻向左右摆动一两下。

（4）脱帽礼

戴着帽子进入室内、路遇熟人、与人交谈、握手或行其他会面礼、升挂国旗、演奏国歌等情况下，都要主动摘下帽子。女士在社交场合可以不脱帽子。

行脱帽礼的时候，面朝受礼者，以右手拿起头上戴的帽子，点头微笑致意。

（5）注目礼

在升国旗、游行检阅、剪彩揭幕、开业挂牌等情况下，适用注目礼。

行注目礼的具体做法是：起身立正，抬头挺胸，双手自然下垂或贴放在身体两侧，表情庄重严肃，不可以交头接耳或闲聊。眼睛正视受礼对象，或随之缓缓移动。

（6）拱手礼

拱手礼，也叫作揖，我国民间传统的会面礼。现在主要适用于：登台表演，举行团拜活动中向他人致意，拜年中向他人致意，向长辈祝寿，向友人恭喜结婚、生子、晋升、乔迁，向亲朋好友表示无比感谢，以及与海外华人初次见面时表示对对方的敬意。

拱手礼的行礼方式是：起身站立，上身挺直，两臂前伸，双手在胸前高举抱拳，自上而下，或者自内而外，有节奏地晃动两下。抱拳时男士应右手握拳在内，左手在外；女士则正好相反。

（7）鞠躬礼

鞠躬礼目前在国内主要适用于向他人表示感谢、领奖或演讲之后、演员谢幕、迎送宾客、举行婚礼或参加追悼活动等。

行鞠躬礼时，应脱帽立正，双目凝视受礼者，然后上身弯腰前倾。弯腰时眼睛跟着往下，看脚前方约 1.5 米处。男士双手应贴放在身体两侧裤线处，女士的双手下垂搭放在腹前。下弯的幅度越大，所表示的敬重程度就越大，但一般日常交往中行鞠躬礼时，鞠躬 15 度或者 30 度的幅度就可以了。向同一人行礼鞠躬的次数，喜庆的场合下，不要鞠躬三次。一般追悼活动时才用三鞠躬的礼仪。

日本、韩国、朝鲜人习惯行鞠躬礼。当他们行鞠躬礼，我们还礼时不必和他们一样的 90 度，用深鞠躬就可以。

（8）合十礼

合十礼，就是双手十指相合为礼。行礼时双手十指在胸前相对合，五指并拢向上，掌尖与鼻尖基本持平，手掌向外侧倾斜，双腿站直，上身微欠低头。行礼时，合十的双手举得越高，越体现出对对方的尊重，但原则上不高于额头。

行合十礼时，可以口颂祝词或问候对方，也可以面含微笑，但不要手舞足蹈，反复点头。在东南亚、南亚信奉佛教的地区以及我国傣族聚居区，合十礼普遍使用。

### 3. 寒暄：须适可而止

音乐始于序曲，交谈起于寒暄。见面交谈之前，特别是初次见面交谈前，应有几句寒暄语作为情感的铺垫。得体的寒暄能使交谈气氛更加融洽。

中国人是讲究情感作用的，所以问候寒暄相对比较复杂。

（1）关心对方吃喝

这类的寒暄，是“醉翁之意不在酒”，只是以这个为话题表达自己对交谈对象的关心，借以作为下面交谈的铺垫。比如“您吃了吗”“还没歇着哪”等，一天之中的绝大多数时间都可以使用此类寒暄语。“吃饭了没有”在一般情况下，这种寒暄语既简单，又达到了交流感情的目的，并且谁也不会真的去深究对方究竟吃没吃。不过这样的寒暄也要注意场合（如

图3－6)，比如在洗手间的时候还这样寒暄就是适得其反了；再比如下午三四点钟还这样问，就显得太假了；如果和外国人这样寒暄，鉴于文化的差异，他们很容易就会误解为你要请他们吃饭。

（2）问候对方活动

这同样是有中国特色的寒暄内容。比如："您上班去呀""锻炼身体呢""出去啊"等。这类寒暄语借"明知故问"作为交谈或者问候的开始。类似的还有："好久不见，近来怎样""来这里多久了？习惯吗"等。

图3－6　寒暄内容要注意场景

（3）了解行动目的

这同样也是具有中国特色的寒暄内容。如："您干什么去""还没回家呢""有空来我家喝茶"。对这样的问候，答话者既可以如实相告，也可以随便答上一句"我出去一下"之类的话。然后再接着谈正题。

（4）夸奖对方

夸奖对方是让人从心理上特别愿意接受的寒暄方式。比如："小王，你穿这身衣服显得特别英俊。"被夸奖者既可以接着这个话题说这身衣服，然后再聊其他话题；也可以直接回应微笑或以"谢谢"等作为话题，再接着说其他话题。

（5）不涉及交谈双方

这样的寒暄话题，全世界都通用。不管哪个国家的影视作品都有这样的镜头：为了和一个陌生者套近乎，都会以"今天天气真不错""今天雾霾好多了"等作为开头。这是公共话题，不管谁都能观察得出来，所以不容易有歧义，也容易获得共鸣，利于进一步的交谈。这类话题还有"这家餐厅很不错”“这辆轿车的性能很棒”等。当然，还包括像艺术、流行时尚、风土人情、旅游交通等，也都是不错的主题，但要注意不要不懂装懂，贻笑大方。

要注意的是，寒暄必须适可而止，不能本末倒置，变成一场跑题的交谈。

### 4. 介绍：注意先与后

特别是初次交往中，介绍是人与人之间相互沟通的桥梁和出发点。按介绍方式来说分为：给他人作介绍、被人介绍、自我介绍和介绍集体四种情况。

（1）给他人作介绍

要把某人介绍给他人的时候：应将级别低的介绍给级别高的；将年轻的介绍给年长的；将未婚的介绍给已婚的；将男士介绍给女士；将本国人介绍给外国人。介绍时同时连同双方的单位、双方的职务一并简单作介绍。在人数众多的场合，如果其中没有职位、身份特殊的人在场，大家又都年龄相仿，则可按照一定的次序一一介绍。

为他人作介绍之前，需要知道双方是否有想认识对方的愿望。作介绍时，还可以简要地提供一些情况，如双方的职业、籍贯等，便于双方相互交谈。在向他人介绍某人时，不要用食指来指指点点，而应伸出右手，五指并拢，手掌微曲，比如把张三介绍给李四认识的时候，上半身及脸部转向李四，把右手指向张三：“李四，这位是张三。”同时把上半身及面转向张三，把右手伸向李四：“张三，这位是李四。”介绍时，不宜双手“左右开弓”式的介绍。

（2）被人介绍

当自己被介绍给他人的时候，表情要自然微笑，面朝对方。介绍完毕后握手可以说“您好，很高兴认识您”，或者“幸会幸会”等寒暄语，必要时还可以进一步作自我介绍。如果是男士被介绍给女士，男士就要主动点头并稍稍欠身，然后等候对方的反应。按惯例，男士不用先伸手，如果女士不伸手也就罢了。如果女士伸出手来，男士就要立即伸手相握。如果女士被介绍给男士，一般来说，女士微笑点头合乎礼仪；如女士愿意和对方握手，也可以先伸出手来。

（3）自我介绍

想和某人结识，又没有合适的介绍人，这时就可来个毛遂自荐，主动打招呼说声“你好”来引起对方的注意，然后再说出自己的姓名、身份。也可以一边伸手和对方握手，一边作自我介绍。

自我介绍的具体形式有以下几种形式。

应酬式：适用于某些公共场合和一般社交场合，这种自我介绍最简洁，往往只包括姓名一项就行了：“你好，我叫周华。”

工作式：适用于工作场合，它包括本人姓名、供职单位及其部门、职务或从事的具体工作等。如：“你好，我叫刘杰，是北京未来之舟客服部专员。”

交流式：适用于社交活动中，希望和对方进一步交流与沟通。内容应包括介绍者的姓名、工作、籍贯、学历、兴趣及与交往对象的某些熟人的关系：“你好，我叫刘平，在未来之舟礼仪培训机构工作。我和周明明是同事，还是同乡。”

礼仪式：适用于讲座、报告、演出、庆典、仪式等正规而隆重的场合。包括姓名、单位、职务等，同时还应加入一些适当的谦辞、敬辞：“各位来宾，大家好！我是靳斓，是北京未来之舟的礼仪培训师。我代表公司热烈欢迎大家光临这次座谈会，希望大家……”

介绍自己的名字，也可以把自己名字的字具体说一下，特别要往正面的名人、大家都知道的事物上介绍，这样更能加深印象。比如叫“孙鹏”，说到“鹏”字，可以说“大鹏展翅的鹏”，绝不能说“朋友的朋，边上有个鸟字”。姓名是“陈光强”，可以说“耳东陈”或者“陈毅的陈”，绝不能说“陈士美的陈”，如果再接着说“光棍的光，小强的强”，更让人哭笑不得了。

（4）介绍集体

介绍集体实际上是介绍他人的一种特殊情况，即被介绍的一方或者双方不止一个人。

介绍集体的时候，可以分为两种基本形式。

一是单向式。当被介绍的双方其中一方只有一人，另一方为多人的时候，只需要把个人介绍给集体，而不必把集体的成员一一介绍给个人。这就是介绍集体的单向式。

二是双向式。双向式，是指被介绍的双方都是多人所组成的集体。介绍的时候，双方的全体人员都要被正式介绍。在公务交往中，这种情况比较多见。常规做法是应由主方负责人首先出面，依照主方在场者具体职务的高低，自高而低地依次对其进行介绍。接下来，再由客方负责人出面，依次介绍。

不论是给他人做介绍还是自我介绍，被介绍双方态度都应谦和、友好、不卑不亢，切忌傲慢无礼或畏畏缩缩。

当介绍者询问是否有意认识某人的时候，不要拒绝或扭扭捏捏，而应欣然表示接受。实在不愿意的话，要委婉说明原因。

根据实际需要的不同，介绍内容也有所不同。一般只介绍双方姓名、单位、职务，有时为了推荐一方给另一方，介绍时可以说明被推荐方与自己的关系，或强调其才能、成果，便于新结识的人相互了解。

## 5. 名片：方寸显智慧

名片，是现代职场一种自我的“介绍信”和“联谊卡”，可以说明身份，联络老朋友，结识新朋友。

（1）名片存放

随身所带的名片，最好放在专用的名片包、名片夹里，也可以暂时放在上衣口袋里。不要把名片放在裤袋、裙兜、钱夹里，那样做既不正式，又显得杂乱无章。在自己的公文包以及办公桌抽屉里，也要经常备有名片，以便随时使用。

为方便交往和沟通，可以在所保存的名片上记一些供自己参考的资料。当然这样的处理方法不可以当着对方的面来记录，而是在事后进行。名片上的空间有限，所以记录的信息应该简洁明了，自己能看懂就行，包括收名片时的情况，如地点、时间；对方的个人资料，如性别、年龄、籍贯、学历、专长、嗜好等；对方新近的情况变化，如单位、部门的变化，职业的变动、联络方式的改变等。

（2）递交名片

递名片一般应以“幸会”“认识您很高兴”“请多多指教”等谦语体现出来。

发送名片要掌握时机，一般选择在刚认识、聊天中有保持联络的意愿或分别的时候。不要在就餐中途、观看演出、参加舞会等场合下发送名片。很多人聚会时，没有必要像发扑克牌似的发一大圈。可以只发其中和自己有亲切交谈的，或者向自己索取名片的。

递上名片前，要先向接受名片者打个招呼，让对方有所准备。既可以先做一下自我介绍，也可以说“可否交换一下名片”之类的提示语。

交换名片，应由位低者向位高者发名片，再由后者回复前者。但在多人之间递交名片时，一般则由近而远、按顺时针或逆时针方向依次发送。

（3）接受名片

他人递名片，不论多忙都应起身微笑相迎，双手接名片。接名片时用双手或用右手。

接过名片后，先向对方致谢，然后将名片默读一遍，遇有显示对方荣耀的职务、头衔可以轻读出声，以示敬重。

接过名片后，要谨慎地放在名片夹、公文包、办公桌或上衣口袋内。

接受对方名片后，应立即回赠名片。名片用完或忘带名片时，应向对方诚恳解释并致歉。如果还没有名片，也可以说名片刚用完，这时可以在一张干净的纸上写上相关信息给对方或让对方记在手机上。

如果你递给对方名片的同时，对方也正递给你名片。这时可以先放下自己名片，接过对方的名片后，再递上自己的。

（4）索取名片

不宜强索名片。如果想主动结识对方，或者想索取对方名片，可以采取下面的办法。

互换名片。主动递上自己的名片后，对方一般会回一张名片。如果担心对方不回送，可以在递上名片的同时说："能否有幸和您交换一下名片？"

语言暗示。也就是用含蓄的语言进行暗示。在向尊长要名片的时候可以说："请问今后我怎样向您请教？"向平辈或晚辈要名片的时候可以说："请问今后怎么和你联络？"

有索就有拒。他人向你索取名片，直接拒绝是不礼貌的。如果不想给，可以委婉地表示："实在抱歉，我的名片用完了。"如果手里明明拿着名片却这样说，就太不礼貌了。如果自己没有名片，而又不想直接说没有的时候，也可以这样委婉表达。

（5）其他用途

在职场交往中，名片还有其他用途。

拜访他人。初次拜访，可以把名片交给对方的接待者，由其转交给被拜访者，以便对方决定见或不见。这种做法比较正规，可以避免冒昧造访。

通知变更。利用名片，可以及时向老朋友通报本人的最新情况。比如晋升职务、变换单位、电话改号等。

推荐他人。推荐某人去见另外一个人，可以用回形针把自己名片与被介绍人名片（自己的名片放在上面）固定在一起，然后装入信封，再交给被介绍人。这是一封非常正规的介绍信。

作为礼单。向他人赠送礼品的时候，可以把自己的名片放入其中，或装进一个不封口的信封，再将该信封固定于礼品外包装的上方。把名片装入信封固定在礼品外包装是表示"这是何人所送礼品"的标准做法。

## 四、日常接待

几年前给宁波某厨具企业的培训经历，让我记忆犹新。从北京出发刚登上飞机，就收到了该企业接待员发来的短信，告知是什么人去机场接，并祝一路平安；到了宁波刚开手机，就收到了短信，这回是告诉我他们已在接机出口、穿着什么样的衣服；培训结束后在机场准备登机时，收到了接待员祝福的短信；到了北京、刚开手机又收到了问候的短信。如此细心而专业的行为，让我感叹不已。

即使是新员工，也会有日常性的工作接待。在接待中怎样做到有礼有节又高效，这是需要考虑的问题。

### 1. 磨刀不误砍柴之功

日常接待，也就是不需在人力、物力上做特殊准备的接待工作，这种接待随时都有。

对于经常参与接待工作的员工，如果没有专门岗位人员做收拾整理，那么收拾整理接待室、会议室的工作就应承担起来，不必等到主管要求。应使接待室或会议室保持地面、桌面物品摆放整齐、清洁、有序。设备调试、文件整理、饮用水准备等，都需要考虑。

对于稍重要的接待，或外地的重要客人，最好还应了解对方的人数(包括具体几男几女)，身份，民族，到达的具体时间，所乘交通工具，是否需要接机、接站。

如果是自己负责接待，应考虑这次接待将要讨论的问题，对来宾谈什么、怎么谈，询问什么、怎么询问等问题，要做到心中有数。当谈到这些问题的时候，才能迅速、得体地做出反应，以免被动。

了解对方信息，及时向主管汇报，以便考虑是否需要其他部门或更高身份的领导出面参与接待。

### 2. 迎宾体现职场素养

需要去机场、车站或码头迎接时，应确认好来宾具体到达时间，提前告知对方谁接、身份、手机号码，以及具体在什么位置恭候。

可以使用接站/机牌，最常见、最简单的接站/机牌上是企业的徽标或专门制作的“欢迎×××”的接站牌，在约定地点，举着接站/机牌恭候。对于经常有工作往来的合作单位，如果不是重要来宾，安排来宾熟悉的司机去接就可以了。不管谁去接，提前到达约定地点等候是起码的礼貌。

不用去机场、车站接的话，接待工作就省事多了。对于重要来宾，可以到单位门口，或电梯、楼道门口也可以。而平常普通的接待，等来宾到达时，到办公室门口或直接在办公室起身迎接就行了。

如果自己一方出面迎接的是多人，建议可以列队相迎，比如分成两列或一列，这样可以使来宾逐一按顺序握手致意，避免了大家一拥而上的忙乱。

### 3. 待客之道小中见大

有道是：“出门看天气，进门看脸色。”去做客的时候，最怕见到的就是冷遇。所以，我们在接待中，对任何来宾都应显示出起码的友好和热情。

（1）举止规范

见面后，微笑并握手问候寒暄是必要的。

上车的时候要让来宾先上，打开车门，并以手示意，等来宾坐稳后自己再上。在来宾入座后，接待人员不应该让来宾往里“让让，往里让让”，而应该为来宾关好门后从车尾绕到另一侧车门入座。下车的时候，自己先下，为领导或来宾打开车门，请其下车。

接待过程中，陪来宾走路，应请来宾走在自己右方。主陪人员要和来宾并排走，其他陪同人员走在来宾和主陪人员身后。在走廊里，应走在来宾左前方几步。接待引领的过程中不要一言不发，而是做好语言关照（如图3－7），特别是走到特殊环境的地方，比如转弯、上楼梯的时候，以手示意，并礼貌地说声“这边请”。出于安全和礼遇，上楼梯时请客人在先，下楼梯时自己在先，有扶手的一侧尽量让给客人。

**图3－7　接待引领中注意语言关照**

乘电梯的时候，如果有专门的电梯员，要请来宾先进先出；没有专门的电梯员，则自己先进去控制电梯，再请来宾进。到达目的楼层时请来宾先出。到达接待室或领导办公室，要对来宾说“这里就是×××（所要去的地方名称）”或“这里是×××办公室”。要先敲门，得到允许再进。门如果是向外开的，应该请来宾先进；向里开的，自己先进去，拉住门，再请来宾进。最好是反手关门、反手开门，这样才能始终面向客人。

（2）怎样敬茶水

敬茶是中国传统的待客礼节，不论什么来宾来访，都要先敬上一杯茶水。敬茶必须注意以下几点。

不管交谈多长时间，都应给来宾敬茶，这是起码的待客之道。

如果有若干种茶水可供选择的话，就要用封闭式提问方式，即具体列出都有哪些茶水，询问来宾喝哪一种。

如果给来宾敬用茶叶冲泡的茶水，则规范的方式是用有盖、有把儿的瓷杯。一次性杯子是退而求其次的选择。

用盖杯泡茶，先用茶叶勺取茶叶，或者先把适量茶叶倒入茶叶筒的盖中，再从盖中倒入杯中，不能用手抓。放入适量茶叶后，加入约1/3杯开水，估计茶叶差不多泡开的时候，再为来宾加入适量开水。条件允许的话，可以洗洗茶，即放上茶叶后先倒进一点开水，浸泡茶叶后快速将水倒掉，再重新倒入开水。

中途续水可以用右手拿着茶杯盖子，如果要放在茶几上，把盖口朝上；倒茶的时候水不要太满，讲究茶浅酒满，一般倒满茶杯的2/3左右。而如果是一次性杯子，放入茶叶后一次性倒入约为茶杯2/3的水就可以了。从来宾的右边上茶。

敬茶要先客后主。来宾比较多的话，一般都按身份高低为序依次敬茶。上茶的具体步骤：先把茶盘放在茶几上，用右手给来宾递上，手指不要搭在茶杯上，也不要让茶杯撞到来宾手上。如果妨碍来宾交谈，要先说一声"对不起"，或"打扰一下""请用茶""请用茶、小心烫"等。

### 4. 送客不容虎头蛇尾

接待工作要善始善终，切忌虎头蛇尾，最后的送客也应注意处理好，避免"100－1＝0"，使接待工作功亏一篑。

除非有重要的事需要马上处理，并且主要事宜双方都已经落实，可以主动暗示结束接待工作，否则接待方不宜主动结束，以免有"赶人"的嫌疑。

来宾起身告辞的时候，主人要尽快想想还有没有要紧事告诉来宾。确信没有了，还要客气挽留，不能来宾一说要走，马上站起相送，或者起身相留，这都有逐客的嫌疑。

来宾执意要走，也要等他们起身后，自己再起身相送。

远客应考虑是否需要安排交通工具送到车站、码头或机场。分别的时候再说一些诸如"请慢走""再见""欢迎下次再来""合作愉快""祝一路平安，万事如意"等道别的话。"一路走好"这样啼笑皆非的话，不要在道别的时候说（如图3－8）。而"一路顺风"也不可以在送机的时候使用。

为了表达对来宾及其同事的友好感情，可以在恰当的时候告诉来宾代表你向他们问好，比如：“请向贵公司全体同仁问好”“周经理这次没来真是可惜，回去一定替我问周经理好啊”等。对于比较重要的来宾或远道的来宾，条件许可还可以赠送一份土特产或纪念品。

图 3－8　道别语不能乱说

把来宾送到门口的时候，应站在门口目送一会儿，等来宾身影消失后再回。不要当来宾走了两步回头发现主人连后脑勺都不见了，很难让来宾相信这种接待的诚意。同时，返回房间后，如果关门的话一定要轻轻关上，如果在客人刚出门就返身“砰”地重重关门，让客人听起来难免会有其他联想。

送客到车站、码头，应等车船开动并消失在视线以外再走；送贵宾到机场，最好等来宾通过安检再走。因为安检容易出现诸多问题，经常需要协助。一般情况下，送到航站楼出发大厅门口就可以了。送别的时候，不可以表现得心神不宁或频频看表，以免使人误解成催他赶快离开。

如果必须提前返回，一定要向对方诚恳说明理由、表示歉意。其实，只要不是不得已的事情，都没必要非得提前离开，提前离开很容易给人感觉你盼着他赶紧离开似的。

### 5. 避免这些接待禁忌

王函回到公司后，为今天的冷遇而大为恼火。原来，今天的会面早在半月前就已约好。但今天应约过去后，对方联系人孙俊却不在公司，也没有人出面协助接待。打通孙俊手机后，他居然忘了今天会面的事。并且在一个多小时的等待过程中，连一杯水都没人给王函倒。孙俊赶回来后，双方沟通中也一直没人倒水，终于在王函嗓子快冒烟的时候，匆匆结束了会谈。

“孙俊”式接待，可能在不少人身上都或多或少存在。就日常接待来说，需要注意一些禁忌。

上门来访，担心的就是“寻访者不遇”，最担心的就是他的同事们都不知道来访的事，也不知道他的去向，不管不问不出面。这种事不关己、不负责任的做法，是非常有损公司形象的行为。

来找自己的客人，自己临时有事不能出面接待时，应请其他人员帮忙接待。自己在单位有事不能接待，最好抽空出面打个招呼、表示歉意。即使其他人员都抽不开身，也应该由前台或秘书将来访者安排到一个相对舒适的环境中等待。饮料、书刊杂志都应该供应上，以供来访者消磨等待的无聊时光。如果需要对方等待的时间较长，应该亲自向对方表示歉意然后说明情况，征求对方意见，是等待还是改天再会面。

遇到同事应约而来的来访者，最得体的方式，是帮忙找找同事；找不到同事，先把来访者安排到会议室或者暂时休息的地方，自己赶紧联系同事，问清楚情况再回复来访者。但对于客人问及的具体事项处理，在同事没有授权的前提下，不应随便答复。

面对来访者，见面就谈公事，谈完就走人，不问候、不寒暄、不关心；当初电话中沟通的情投意合、热火朝天，见面后一脸严肃，少言寡语；对方熟悉的联系人不接待，也不露面，这些行为会让来访者觉得受到怠慢，不被重视，当然也是禁忌的行为。

另外，对待来宾的礼遇不要有明显情感上的反差，比如对待主宾，奉为上上宾，什么都围着他转，被照顾得无微不至，如众星捧月一般，而其随行人员却鲜有人搭理，甚至眼神都很少关注到他们。这样的接待方式，不用说随行人员，就连身份高者也会不自然。

## 五、工作拜访

有来有往才能常来常往，工作拜访是对外工作中必不可少的环节。

### 1. 预约是拜访的前提

因公拜访他人，不管是熟悉的还是陌生的，提前预约是基本礼貌，以便对方提前安排工作。

要约定在双方特别是对方合适和方便的时间，并协商决定做客的具体时间和大概的持续时间。如果由自己提议见面时间，必须要考虑对方的时间安排，可以同时提供几种时间段供对方选择。主动避免对方繁忙的工作时间、节假日、常规的用餐时间和午休时间。繁忙的工作时间一般是指每个月月初和月尾，每周的周一上午和周五下午等。

双方见面的地点一般在工作地点居多，当然也可以是对方的住所或幽静的咖啡厅、茶馆等。要看是为什么事情，以及对方的个人意愿。

在预约的时候，应主动告诉对方，己方的人数及各自的身份，尽量避免在拜会中安排对方不喜欢甚至极为反感的人。做客的一方要特别注意，切勿在没有告知主人的情况下随意增加拜会人员，以避免给主人已有的安排计划造成不必要的干扰，影响拜访效果。

### 2. 做客应守基本礼仪

在登门拜访的时候要注意以下方面。

（1）准时赴约

拜访要严格遵守约定的时间。如果确实出现特殊情况需要推迟或者取消拜访，必须提前通知对方并表示歉意。当再次和对方会面的时候，还应该对上次的失约再次表示歉意，并向对方说明原因。

登门拜访应准时到达，早到 5 ~ 10 分钟也是可以的，但不要提前太早，否则会让对方措手不及，出现令双方尴尬的局面。如果到得太早，可以在约定地点周边稍等一会儿，等时间差不多时再上门。

（2）注意着装

根据场合选择服装，着装要整洁、大方、庄重，避免穿着过于随意或是与所在场合不相称的服装。去公务场所拜访的时候，一般要穿着较为正式的服装。拜访地点如果是私人住所，可以适当随意，但也不能过于轻佻。

进门之前，最好再自我检查一次，看自己妆容是否整洁，着装是不是整齐，鞋面干不干净，鞋底是否清洁，特别是在雨雪天气。

（3）举止稳重

到达目的地后，即使门是开着的，也要先敲门或按门铃。敲门的时候，轻叩两三下；如果没人回应，稍过一会儿再轻叩；按门铃的时候，让铃响二三下就可以；如果室内没有反应，可以稍过一会儿再摁。如果和主人初次见面，应该先作自我介绍，向对方主动问好。如果主人的同事或亲属也在场，要主动与其打招呼、问候，以示诚意。

前往拜访对象的办公地点拜会，一般不必携带礼品。但如果是私人居所，应准备小礼物，如鲜花、水果、糖果、书籍等。进门后就可以向主人奉上自己的礼物。

不要见到座位就马上坐下，而应坐在主人指定的位置，并且不要先于主人就座。把公文包、手提袋等物品放在自己座位附近的地板上，或主人指定的地方，不要随意放在桌椅上。

主人端上饮料，要站起来双手接过，并致谢。做客一般不应主动抽烟。当主人让烟，可以先接过来，经过主人的同意时，才可以吸烟。而国家颁布的最新禁烟令规定在有顶盖的公共场所内都不许抽烟。有抽烟习惯的人，还是要多多注意。

保持主人屋内的清洁，不乱弹烟灰或乱扔果皮，更不能随便动主人的私人物品或翻动主人的抽屉、橱柜等。

### 3. 拜访注意适时告辞

拜访中，谈得再投机，也得有结束的时候。作为拜访者，适时告辞不仅是风度，更是智慧。

（1）客观情况

由于双方事先已经定好了拜访时间的长短，交谈中必须把握好时间，到点就主动告辞，而不应该聊个不停，影响主人的其他安排。

如果双方事先没有约定拜访时间的长短，一般应以一小时左右为限。当双方都已经谈完该谈的事情，就应及时起身告辞。

快到休息或就餐时间。毫无疑问就应告辞了。除非你想要请对方吃饭，或者对方非要请你吃饭，否则在快到就餐时间时，就应提前告辞。不然就有赖着不走蹭饭的嫌疑。

如果遇见有其他客人来拜访对方，也应该尽快告辞，以免给主人的接待工作造成为难。

（2）主观情况

有一些主观情况发生，拜访者也要及时“知趣”而退。

双方话不投机，或当你说话的时候，被拜访者反应冷淡，甚至不愿搭理。

被拜访者站起身来，或是把你们的谈话总结了一下，并说出以后可以再继续交流的话。

被拜访者虽然显得很“认真”，但反复看手表或时钟（如图3－9）。

（3）注意事项

准备告辞的时候，不要选在被拜访者或其他人说完一段话之后，这会使人误以为对他的话不耐烦。最适合的告辞时间，是在自己说完一段话之后。同时，告辞前不应有打呵欠、伸懒腰等举止。

提出告辞的时候，即使对方说“再坐坐”之类的客套话，如果没有非说不可的话，就应毫不犹豫地起身

图3－9　交谈中看时间是下逐客令

告辞。

告别前，应该对被拜访者的友好、热情等给以适当的肯定，并说一些“打扰了”“添麻烦了”“谢谢了”之类的客套话。如果必要，还可以说些诸如：“这两个小时过得真快”“和您说话真是一种享受”“请您以后多指教”“希望我们以后能多多合作”等话。起身告退的时候，如果还有其他来宾，即使和他们不熟悉，也要遵守“前客让后客”的原则，礼貌地打招呼。

如果被拜访者送的话，送上几步后，你可以说上一句“请留步”之类的客套话，这时候就可以主动向被拜访者伸出手相握，以示告别，并请其留步。

### 4. 出差在外修身于内

上个月出差回来后，领导就对小梁非常有意见。

出差的时候，领导拉着大包小包，包里还装着不少洽谈材料。而小梁只顾拉着自己的一个箱子，丝毫没有主动分担的意思。打出租车，他在边上站着玩手机，领导只好去拦车，而他一上车就开始低头玩手机，领导只好告诉司机目的地。到了酒店大堂，他坐在沙发上又摆弄手机，领导只得自己去前台办入住手续。进了房间，他一放下行李，就躺到床上，领导只好去洗杯子、烧开水。第二天客户开车来接，领导自己开右侧车门，他也要从这边跟着进，让领导“往里挪挪”……

领导不客气地说，这样不懂事的员工，纯粹是增加成本。于是很快辞退了小梁。

出差，是一种特殊形式的上门拜访，因为是异地，且往往是和领导及其他同事同去，所以就有一些注意事项。

（1）提前准备

出差，也是因公而为。旅途中可以穿的休闲，但见面的时候应该穿的和平时上班一样正式。所以应该带上正式一点的衣服。

事前联系确认、车辆安排、交通线路、出差时的机场、航站楼或车票、出差时的酒店预订等，都应该是提前处理的事。当然，如果单位专门有部门或助理处理这些，你只要配合并了解就好。

需要准备的材料，数量、具体内容，应该有确切的信息。特别是为对方准备的合同等重要文件，涉及对方的，务必要和对方核对得准确无误。

做好联络，即和对方约好会面的时间、地点、双方都有哪些人员参与，特别是对方参与人的姓名、身份，会谈什么内容，大致需要多久，对方对这次会面有什么需要或期望，己方需要准备哪些材料，等等。

最好提前预订好酒店，要考虑的因素有：酒店档次、价位是否符合公司规定，是否含早餐，房间朝向、有没有窗户，楼层，交通位置等。

在外面如涉及用餐，同样也应提前查好合适的饭店。

单位出差报销票据的具体要求及规定，也应清楚、熟悉并严格遵照办理。

自己出差用具，包括服装、个人洗漱用品、充电器之类的物品，男士的剃须用具，当然也是准备之列。

（2）做好协助

和领导或资深员工一同外出，做好协助是基本职责，所以应做好力所能及的协助。

物品的提拿上，不应该出现领导大包小包，而你双手插兜的情况。

乘出租时，应该主动拦车或联系车辆，并告诉目的地。

在酒店，去前台办手续的不应是领导，除非单位规定就是如此。发现房间里设备有问题或领导有特殊要求，主动和酒店协调，不应等着别人来处理。

住同一个房间时，像洗水杯、倒茶等这些眼力活，要主动承担起来。同时，不能因个人习惯而影响他人休息。

对酒店周边的地理位置不太熟时，应主动到酒店前台索取酒店名片（包括酒店名字、地址、联系电话等），以便找不到回酒店的路时，能联系酒店。

对外沟通的时候，做好协助和配合，比如记录一些信息。而不应任由领导或资深员工和对方沟通，你当看客。对于这一点，也可以事先商量好你在沟通中的角色或者沟通的切入内容、分寸。而对其他人在对外沟通中表达出的错误信息，特别是可能给本单位带来损失的错误，有及时、得体提醒的责任。

外出能报销的费用部分，主动索要符合规定的发票并整理好。

（3）公共场所

乘火车。有序进入车厢，较大行李放在行李架上，而不是过道或小桌上。脚上有异味的话，就不应脱鞋，更不应脱后把脚伸到对面座位上。车厢里不要大声聊天。有吸烟习惯的人，不能在车厢内吸烟。不随地吐痰，不乱扔果皮纸屑。阅读后的报纸或杂志要整理好，不随便扔。餐车用餐结束就应尽快离开，不要在餐车休息、聊天，影响别人用餐就座。

坐飞机。手提箱放进行李舱中，系好安全带等待起飞。播放安全注意事项时保持安静。服从空乘人员的安排和指挥，不能无理取闹，更不应提出不合理要求。不把乘务员当成私人保姆，也不要故意刁难。即使有意见，可以向航空公司有关部门投诉，不要在飞机上与乘务员大吵大闹。飞机机舱内通风不好，不要在登机前过多使用香水，也不要使用味道浓烈的化妆品。想把座椅靠背向后放下时，应当先和后面的人打声招呼。不要发生新闻上报道的：非要打开飞机舱门、在飞机卫生间抽烟、用方便面水泼空乘等丢人现眼的极品事件。

住酒店。在通过走廊、进入电梯或是接受酒店里所提供的各项服务时，要懂得礼让他人。酒店里保持安静是基本要求，即使是在房间里。个人衣物不悬挂在公用走廊或临街窗户外、阳台上。客房或其他场所的公用物品不可以占为己有。不可以穿内衣、睡裙、背心、裤衩之类的“卧室装”在酒店公共场所活动。

（4）注意尊次

注意座位尊次有别，即使领导没有要求或者不讲究，有客人在场的时候，也不应随意。

谨记以右为上座，对门座、居中座，以及以安全、舒适、方便欣赏景物座为上座，当然，私下里领导自己随意而坐且不愿调换时除外。

和对方见面时，主动上前把领导介绍给对方，而不应等着领导做自我介绍或给你做介绍。

餐桌上或会谈的时候，等双方主要领导就座后，自己再入座。

注意衬托领导的主要身份，不越位，使领导有较多讲话机会。当客户和领导谈话时，注意倾听，对方有问题问你，应该直接或间接地征询领导的意见后答复。不乱说话、不插话，不说领导的隐私。

属领导的小范围谈话，或领导遇到亲朋故旧时的谈话，或者领导们在说你不了解、和外出所办之事没关联的问题，或有意降低声音说“悄悄话”，都应考虑暂时回避。

陪同领导外出期间，谈论的话题或与其他人谈话的内容，除领导明确表示传达的之外，其他内容都不应随意透露，即使是餐桌上领导的玩笑话也不应随便向外人提及。

## 六、文书礼仪

这里介绍的，是新员工因公往来常用文书所要注意的礼仪规则和书写惯例。包括请柬、请示、报告、常用通知、致歉信、收据。

### 1. 因公文书注意要求

对于打印的因公往来文书，特别是请示、报告、通知这些正式的文书，必须规范，字号、字体、标题层次都有要求。标题一般用宋体二号字，正文用仿宋三号字。一般每页 22 行，每行 28 个字。用 A4 纸打印。

结构层次序数，第一层为“一”；第二层为“（一）”；第三层为“1”；第四层为“（1）”。

成文时间用汉字，“零”写为“○”，右空 4 个字符为标准，例如：二○一五年十二月三十日。

因公的这些文书，不是私人信件也不是为喊口号，所以从内容到形式都要准确，实事求是，文字朴实，不要空话、大话、套话、废话。

需要盖章的文书，重要的应加盖骑缝章，也就是公章要均匀盖压在两页可折叠纸的中缝上，一半留作存根，另一半持作凭证，验证时，两半相对，公章应完整、合一。也可以把图章盖在每页纸的边上，一个图章各个部分分别在几张纸上，几张纸上的章印拼在一起组成一个完整的章印。只需要在结尾落款处盖章的话，注意印章不压正文，讲究“骑年盖月”，也就是章要盖在年份的上面，章的1/3在年份下面。同时把月份整个盖住。骑缝章和骑年盖月是为防止篡改文书日期，防止造假。

行文格式下文将分别介绍。

### 2. 请柬注意简练贴切

请柬，又叫请帖，邀请函。是为邀请宾客而发出的书面通知，也是为表示对客人的尊敬、表明郑重态度，使被邀者体会到主办方的热情与诚意。如是书面请柬，鉴于篇幅有限，书写需注意措辞的简练、贴切，切忌语言的乏味和浮华。

书写正文一般不用圆珠笔，而是钢笔、毛笔或签字笔，字应是黑色或蓝色。

目前，在商务交往中所采用的请柬，基本上都是横式请柬。行文自左向右，自上而下地横写。还有竖式请柬，行文是自上而下、自右而左地竖写。

称呼。首行顶格书写被邀请者的姓名或被邀请单位的名称。有的请柬把被邀请者的姓名或单位名称放在末行，也要顶格书写。

正文。写明被邀请者参加活动的内容，如参加座谈会、联欢会、宴会，交代具体时间、地点。如果有其他活动，比如观看表演，在请柬上注明或附入场券。

结尾。写“敬请光临”“致以敬礼”等。

落款。写明邀请人的单位或姓名和发出请柬的时间。

**例文：**

请　柬

谨定于××××年×月×日下午在××××酒店举行中秋茶话会，欢迎××××院教授×××先生及其夫人。

敬请光临！

××××公司

×××× 年×月×日

电话：××××

### 3. 请示只有一个主送机关

请示是下级单位向所属上级单位请求指示和批准的文书。

请示时注意观点要明确，事项和理由要具体；内容要集中，一文一事。受双重领导的可以用抄送形式。但要注意，不抄送下级机关，也不可以越级请示。

标题。由发文机关、事由、文种构成，有时省去发文机关。主送机关只能有一个。

正文。开头写明请示缘由、起因。用“特请示如下”引起下文。交代请示的原因、依据，可能因情形复杂、原因多样而形成较大篇幅，注意应条理分明，事理充分，简括而有力。主体内容写明请示事项。全文的主旨与核心，要求上级机关给予哪些指示、批准哪些措施，都要写清楚，同时做到简明扼要。

结尾。另起段，习惯用语一般有“当否，请批示”“请予批准”“请指示”“妥否，请批复”“以上请示，请予审批”等。

落款。一般包括署名和成文时间两个项目内容。标题写明发文机关的，这里不再署单位名称，但要加盖单位公章、成文时间。

**例文：**

×××集团二公司

关于×××员工前往××地区的请示

×××处：

应×××公司（单位）的邀请，我公司拟派×××（写明真实身份，真实身份不宜公开的，就写能对外公开的身份）等×人，于××××年×月前往×××。

一、出访的主要任务

（一）×××××××。

（二）×××××××。

（三）×××××××。

二、出访的时间和费用：

拟订于×月×日至×月×日出访，在外停留×天。出访费用由派人单位（或对方）负担。以上请示，妥否，请批示。

附：1. 出访人员名单

×××××

××××年××月×日

## 4. 报告不可夹带请示

报告是向上级机关汇报工作、反映情况、提出意见或者建议，答复上级机关的询问时使用的文书，报告使用范围很广。一般按照工作计划，每完成一项任务，都要向上级写报告，反映工作中的基本情况、工作中取得的经验教训、存在的问题以及今后工作设想等，以取得上级领导部门的指导，是和上级领导沟通的桥梁，一般不需要批复。写作时注重汇报性，多用叙述方法，情况确凿，观点鲜明，口吻得体，不夹带请示事项。

标题。包括事由和公文名称。

称呼。收文机关或主管领导人。

正文。结构与一般公文相同。从内容方面看：报情况的，应有情况、说明、结论三部分，其中情况不能省略；报意见的，应有依据、说明、设想三部分。从形式上看，复杂一点的要分开头、主体、结尾。开头使用多的是导语式、提问式，给个总概念或引起注意。主体可分几部分说明。报告应避免太长，一般控制在两三千字以内。

结尾。呈转报告的要写上“以上报告如无不妥，请批转各地参照执行”。

落款。写明发文机关，日期。

### 5. 通知要注意时效性

通知讲究时效性，是告知立即办理、执行，或知会、照会的事项。有一些通知直接在单位内部告示栏写出或张贴。

标题。可以在“通知”前面写上制发机关或单位名称及事由，也可以只在第一行正中写“通知”二字，如果事情重要或紧急，也可以写“重要通知 ”或“紧急通知”，以引起重视。

正文。空两格写正文，一般采用条款式行文，可以简明扼要，使被通知者能一目了然，便于遵照执行。要写明制发通知的理由、目的、依据，分条列项，条目分明。比如，开会的通知要写清会议时间、地点、参会人员、会议名称以及参会要求。布置工作的通知，要写清所通知事件的目的、意义以及具体要求和做法。

结尾。可以单写结束语。也可以在前言和主体之间，如未用“特作如下通知”作为过渡语的话，结尾可用“特此通知”来结尾。

落款。署名和日期分两行写在正文右下方。

**例文：**

××××公司关于召开学习和传承中华传统文化活动的通知

所属各单位：

中华经典是中华民族优秀传统文化的主干和精华，为了传承和弘扬中华民族优秀传统文化，建设共有精神家园、和谐企业，同时做好今年的德育工作，经研究决定召开学习和传承中华传统文化的活动。现将有关事项通知如下。

一、活动内容：……

二、参加人员：……

三、活动时间、地点：……

四、要求：……

××××公司

××××年×月×日

### 6. 道歉信务必要诚恳

道歉信是因工作失误，引起对方的不快，以表示赔礼道歉，消除误解，增进友谊和信任的信函。

标题。可以直接写道歉信，或者事由加道歉信。

称谓。顶格写。

正文。诚恳说明造成对方不快，带来损失或不便的原因；表示歉意，请予以理解、见谅。

落款。署名、日期。

**例文：**

道歉信

××先生：

贵方本月10日订货单收悉。非常抱歉！××目前无法交货。最快的交货期要到7月初。

当然，我方知道贵方需求很急。可是需要量远远超过我们以往的经验，特向贵方道歉！

×××

××××年×月×日

### 7. 收据事项要说清楚

收据是单位或个人收到现金或财物时向对方出具的凭据，也称收条。

收据应写清楚物品的品种、规格、型号、数量、签收人以及具体时间等信息。对于款项方面的收据，单位财务部门一般都有统一的格式，发生业务时，只要按其规定的格式填写就可以了，收到的具体事项，务必要说清楚，包括大小、数量、规范、款式。日常书写的时候，可以参考以下例文。

**例文：**

收 据

今收到：××出版社交来《商务礼仪与交往艺术》图书，册数：500，全新未开封。

未来之舟礼仪培训机构（印章）

经手人：刘欣

××××年×月×日

## 七、会议礼仪

工作会议是单位集中传达重要事项或者讨论工作事宜的集会。参会者因在会议上所处角色的不同，而有不同的举止要求。

### 1. 会前准备你做了吗

会议什么时候开？在哪儿开？会议的主题是什么？会议要开多久？什么人发言？自己是否需要发言？这次会议自己或者本部门有什么问题需要解决？带着问题参会，效果当然会更好。

本单位的常规会议，不必特别更换衣物。即使平时允许穿着随意，当有外单位或者上级单位的领导参加，即使本单位没有要求，也应穿着相应正式一些，绝对不能穿休闲装、运动装等参会。除非本单位就是从事休闲运动项目或服装的单位。这是事关单位形象和员工精神面貌的问题，不容忽视。

我应邀参加某单位的服务管理座谈会。应邀参加的还有该单位上级主管单位领导、协会领导共几十人，不可谓不隆重。让我感到惊讶的是，和我们这些嘉宾及他们的领导个个正装相比，该单位的员工代表中，有两位却穿得很“轻松”：一位男员工穿着T恤、牛仔裤，一位女员工穿着短裤！

随后的发言中，某上级主管单位的领导就看着那两位员工，意味深长地说：首先就要服务形象规范化，像这样的着装肯定不行！

参加会议时，不能只带着脑袋，应自己提前准备好记录的本、笔等。会议开始前把手机设置为震动或静音状态，保持会场肃静。如有必要，会前就要去一下卫生间，以便没有“遗留问题”。到达会场时谨守分寸，选择符合自己身份的位置入座。

即使不是会议组织者，对于会议情况也应主动了解。万一有其他同事不了解的，还有负责转达的义务。对于临时在外、但又必须参会的他们，于公于私，都应该将会议通知口头告知他们，以便他们做好准备。

### 2. 他人发言注意倾听

工作会议是因“公”而开，不论有外单位人员参加的会议，还是本单位的内部会议，都必须遵守礼仪要求。

（1）约束举止

不迟到、不早退。会议开始前五分钟左右就应进入会场。不要让领导或其他同事都在等你“粉墨”登场。

会场上保持会议应有的氛围，至少不要主动添乱。有时候难免会遇到“舍不得结束”的发言者，再加上声音没有激情，语言表达平淡，时间一长就像催眠曲。即使如此，也应提醒自己，绝对不能在会场上睡觉或者干其他无关会议本身的事。

图 3－10　注意遵守会议纪律

发言者议题即使和你没有直接关系，也不应有消极表现。适当了解，对本职工作至少没有坏处。

不要有消极的举止。比如脱鞋（如图 3－10）、随意抖腿、躺坐在座位上、转笔、捏矿泉水瓶等。

对于本部门或者人数很少的会议，还应准备积极发言，做个会议的参与者。这正是领导所希望的。

工作再忙，也要避免在会场接打手机。如果有紧急的电话，应该以不影响他人的方式离开会议室，到外面接听，并三言两语结束。因公非回不可的短信，简单沟通后，等会议结束再联络，不要领导讲话你却短信或微信来来往往个没完。

会场上想要拍照，应该用静音，关闭快门，不能发出“咔嚓、咔嚓”的声音，影响其他人。

当其他人正在开会，有紧急的事找在会场上的人时，不应敲门往里闯。比较得体的方式是，以不影响他人的方式进入会议室，并将写好事项或要找人的字条交给有关人员。

会中尽量不要离开会场。必须离开，也要轻手轻脚，以不影响发言者和其他与会者。长时间离开或提前退场，应该和会议组织者或自己的主管领导打招呼，说明理由，征得同意后再离开。

（2）表达关注

在公共场合发过言的人，都希望听众能关注自己，和自己有眼神交流，最好还能有积极的表情。当我们是观众的时候，对发言者应这样，这是一种礼貌；而对发言者来说，是一种鼓励，更是礼遇。

别人发言时，自己应坐姿端正，用友善的目光注视着发言人。不应东倒西歪或趴在桌子上。更不应交头接耳、随意走动、接打电话、发手机短信、玩手机游戏、看书、抽烟、吃零食、睡觉、玩手头的东西等。即使对发言人不满，也不可以有吹口哨、鼓倒掌、喧哗起哄等失礼行为。听到重要、有启发或者和自己的工作相关的信息应认真记录。

别人发言期间，应该表现出严谨的态度，认真听讲的姿态不仅表明你的工作态度，也是对正在发言者的尊重。开会一般都有领导在场，你表现的心不在焉，也影响领导对你的评价。

发言中，还要给予积极的回应，并不是一直老老实实地坐着就是尊重对方，而是应有一定的目光交流，对待赞同的观点时，应用点头、微笑或目光注视对方等方式予以回应。

别人发言结束，鼓掌以示对他讲话的肯定和支持。

（3）小范围会议

这里所指的小范围会议，是指人数很少的会议，一般在二三十人以下，这样的会议大部分人都有发言的机会。可能是部门会议，也有可能是跨部门会议，甚至是有外单位人员参加的会议。

在这样的会议中，也不应打断同事的发言。如果有问题，要等对方停顿或者结束的时候再提出。有听不清楚或不明白的地方，可以要求对方再做说明。要求发言，先举手示意，经过主持人或发言人同意后自己再发言。发言中即使观点不同，也必须态度友好，以理服人，不讽刺挖苦，不人身攻击。发言后对在场所有人表示感谢。

即使不认同他人的发言，也必须控制好情绪。暴躁式的否定是粗俗无礼的，你可以在对方说完话之后再做评论，以表示不认同。

（4）尴尬情况

会场上人员集中，注意力也集中。当有人发生尴尬情况时，最希望的就是尽可能减少关注。走上发言席发生意外，发言的时候说错话，弄洒桌上的水，会场上有人很响亮地“排尾气”。你是“哈哈”大笑，还是当没事发生一样？将心比心，建议大家还是尽可能当作没事发生一样，更不要事后再把这事当作笑料向当事人提起。当事人会很感谢你的善意的。

### 3. 自己发言注意举止

据《中国新闻周刊》报道，2004年9月“首届世界大城市高层论坛”在江苏南通举行，有25个国家近60个城市的市长和市长代表参会。中国某些市长的发言表现遭到了媒体的非议。某些市长发言时不讲场合，千篇一律，用的全是平时政治生活中使用的那一套“话语系统”，讲政治宣传多、讲问题研究的少，以致外国的市长和记者感觉这些发言者都是一个面孔，听得“云里雾里，不知所云”。我们作为新员工，同样也要注意一些发言礼仪。

不管是新员工还是老员工，都会在会议中发言。为提高会议沟通效率以及个人、单位的形象，需要注意发言中的举止及沟通礼仪。

会议发言有正式发言和自由发言两种，前者一般是领导报告，后者一般是讨论发言。

发言者应穿着整齐，特别是大型会议、庄重的会议及涉外会议时，应穿着正装。发言人内容的安排上，必须围绕会议主题及自己所提出的主题做发言，内容宜短不宜长，重点放在问题的提出和解决上，而不应讲套话，否则无疑是对所有与会者的不尊重。浪费别人的宝贵时间，无异于谋财害命。

人数很少的会议，特别是圆桌会议，可以坐着说。但在大的会议室，参会人员百人以上，如果再坐着说，可能其他与会者就不知道是谁在发言了。

不论所讲的主题多么严肃，偶尔的微笑、不时有意地环视会场上的每个人，既显示自信，又说明重视会场上的每个人。发言的时候把握好语速，口齿清晰，讲究逻辑，简明扼要。发言过程中适时地提高音量或者降低音量，以渲染情感。

正式发言时，发言者走上主席台要步态自然，刚劲有力，表现出一种成竹在胸、自信自强的风度与气质。

书面发言则要注意适当停顿，停顿时抬头扫视一下会场，和与会者做眼神交流，不能一直旁若无人地低头读稿。

自由发言则较随意。但也要注意，发言应讲究顺序和秩序，不能争抢发言；发言应简短，观点应明确；与他人有分歧时，应以理服人，态度平和，听从主持人的指挥，不能只顾自己。

如果有会议参加者对发言人提问，应礼貌而简短地回答出提问者所关心的答案，不能答非所问，或者在答案周围绕圈子，给人感觉就是对方不该提问。对不能回答的问题，应机智而礼貌地说明理由或者避开，对提问人的批评和意见应认真听取，即使提问者的批评是错误的，也不应失态。

据《南方周末》报道，李瑞环任天津市长时，常与人大代表、政协委员和各界群众开对话会，每次都是电视现场直播，一问一答，非常活跃。在一次对话会上，一位老太太提出她家的煤气灶常点不着火，有关部门领导现场解答，讲了许多数字、原因和道理，言外之意就是：由于“供不应求”的原因，点不着火很正常，我们没有责任。李瑞环打断他的话说：那些数字对老百姓没有用，你就告诉大娘多长时间能解决这个问题。这番话赢得了热烈掌声，还被媒体誉为“老太太哲学”，而传为佳话。

要注意运用适当的身体语言，以让自己的讲话更容易被与会者接受。

千万不要摆出双手紧握或双臂交叉胸前的防卫姿势。为了能使讲话内容被听众理解，不宜摆出说教式的动作，也就是那些指指点点表示强调、坐在台前交叉握双手、手指撑出一个高塔形状的动作，这些都是骄傲自大的表现。

发言完毕应向全体与会者表示感谢。

## 八、位次礼仪

某单位领导曾和我说起他当年的一次尴尬经历。某次县政府安排宴请，他作为随员也陪同出席。他早早到了宴会厅，来到自己所在的那一桌，但餐桌上没有名牌，就随便坐在一个座位上。没一会儿，大家陆陆续续都来了。奇怪的是，一位县领导站在他边上一直没有入座。还是一位秘书发现了问题，赶紧过来悄悄跟他说：你坐的是领导的座位…… 宴请是正式的社交活动，位次也是其中需要讲究的事项。乱坐座位是失礼的事情。

位次问题，是事关各方身份、礼遇的问题。不同场合、不同的角色，往往有不同的位次规范。作为新员工，务必要多了解注意事项，避免出现尴尬的局面。

### 1. 乘车排位不可随意

最常用的公务车都是5座轿车（如图3－11），座次因驾驶者的不同而不同：有专门司机开车时，后排右座是第一上座；如果领导或者朋友亲自开车，第一上座为前排右座。

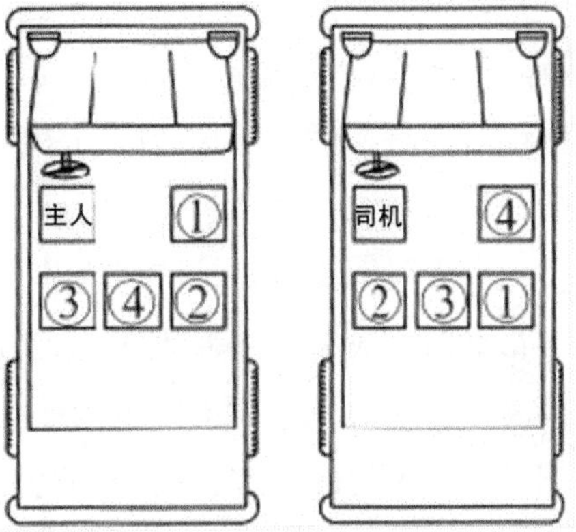


图3－11　5座轿车座次

商务7座车（如图3－12）、中巴和大巴的座次（如图3－13、3－14））：以司机座后第一排（即前排）为尊，后排依次为次；其座位的尊次，依每排右侧往左侧递减。商务7座车是三排座，还有副驾驶座，这种车一般都由司机驾驶，所以副驾驶是末座。对于七座车，传统的座次礼仪是以末排为主座，中排为次座。但这种车的后排座空间感没有中排座好，且进出不便。所以实际操作中，一般以中排座为主座。另外在上下车时，末排座的先进，后出。

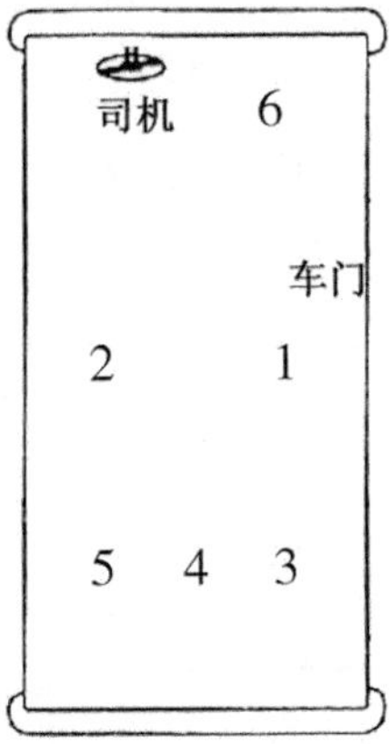


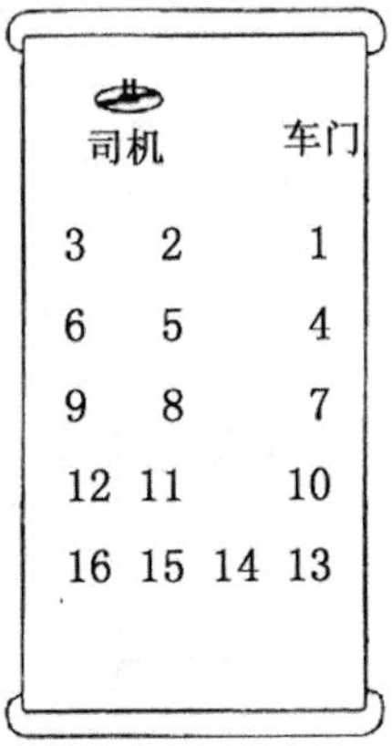


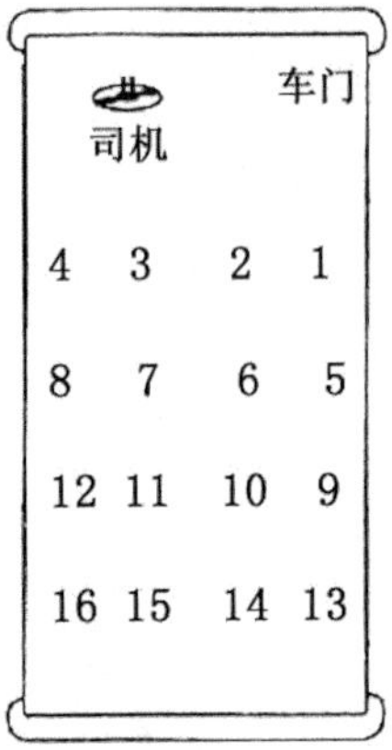


图3－12　7座商务车座次　　图3－13　中巴和大巴车座次　　图3－14　中巴和大巴车座次

### 2. 会议排位讲究甚多

会议的主席台座位如有多排，在座次上以第一排为尊，每一排以中间为尊。依我国政府座次安排的传统，一般由中间按左高右低顺序往两边排开，即左边座位身份比右边身份高。而如果是企业类或者安排涉外会议时，可以遵循国际惯例，即由中间按右高左低顺序往两边排开，即右边座位身份比左边身份高。

在会议室接待时，以客为尊，并将尊贵的位置让给来宾。如果会谈安排在室内，应以以下原则确定座位的尊位：面向房间正门的位置为上座；以离正门最远的为尊位；居中位置为上座；以右边为上座（这是国际惯例，在中国的部分官方场合仍遵循以左为上的传统礼宾次序）；以前排为上座。

### 3. 餐桌排位宾主有别

在这里介绍的是因公交往中的用餐。既然是因公交往，必然要讲究礼宾次序。

一般来说，在餐厅里，即使没有名牌，往往通过餐桌上的餐巾花也能看得出来。每一桌的主座餐巾花总会与众不同。即使空着没人坐，普通身份的人也不能贸然去坐。而对于下属或者普通员工，最保险的坐法是离主位远一点。

对于两桌以上的宴请，一般每桌都会有主人，以方便照顾客人。

每桌有一位主要陪同人员的时候，主宾在其右就座，即在“1”的位置就座（如图 3－15）。

每桌有两位主要陪同人员的时候，排列如图 3－16。

图 3－15　一位主陪时的位次

图 3－16　每桌两位主陪的不同排列方式

（1）特殊情况

除了上面介绍的相对复杂的位次问题，还有几种相对简单的位次安排。我们重点要知道哪个座位是上座，然后在具体场景下，根据自己当时的身份来决定如何坐。

当两人一同并排就座时，通常以右为上座，以左为次座。

三人时，居于中座者在位次上要高于在其两侧就餐者。

面对正门者为上座，以背对正门者为次座。

当餐厅有优美的景致或高雅演出，欣赏角度最佳为上座。

人少且较随意的时候，靠近过道、容易受干扰的座位是次座。与之相反的则是上座。

（2）了解桌次

两桌以上的宴请，就要注意桌与桌之间的排列次序。

两桌组成的宴请，有横排或竖排两种情况（如图 3－17）。两桌横排，面门右为尊。两桌竖排，离门远为上。

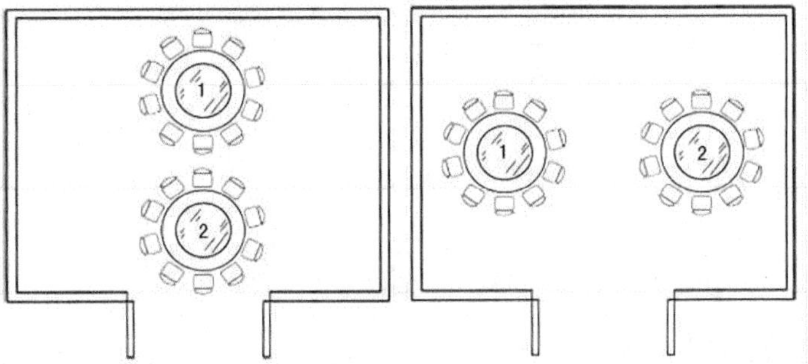


**图 3－17　两桌竖排（左）两桌横排（右）**

由三桌或三桌以上的桌数组成的宴请，除了讲究“右为尊”“远为上”外，还要兼顾其他各桌离主桌的远近。主桌，即身份最高者所坐的桌子。距离主桌越近，桌次越高（如图 3－18）。

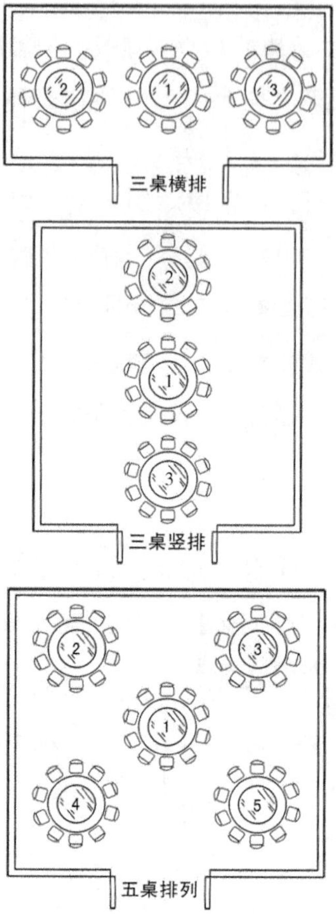


**图 3－18　多桌桌次排法**

## 本课要点自测

1. 维护办公环境卫生需注意什么?

2. 在单位用 QQ、微信要注意什么?

3. 日常工作的接待禁忌有哪些?

# 第四课

# 内部交往艺术

## 案例鉴赏："小灵通"不灵通

"小灵通"萧玲早上一进办公室，就神秘兮兮地对大家说："你们知道我昨天在王府井看到谁了？"萧玲得意地看着大家一脸茫然的表情，然后神秘兮兮地说："我看到王经理和一个女孩在王府井逛街，那女孩可年轻、可漂亮了，和王经理挺亲热的。"萧玲见大家露出了惊讶而又怀疑的表情，接着说："你们说说，她和咱王经理是什么关系呀？""她是我妹妹！"萧玲的身后有人厉声回答。萧玲回头一看，顿时傻眼了：王经理不知道什么时候站在了她的身后！

工作场合，重要的是做好工作。蜚短流长、小道消息，不应是内部交往中的谈资，这些势必会影响自己的形象和人际关系，影响团队的和谐融洽。

内求和谐，才能外谋发展。要想在对外关系上得心应手，首先就要在内部关系上游刃有余。能不能、会不会处理好内部关系，是新员工面临的重要问题。

## 一、注意小节处理

“魔鬼隐藏在小节里。”毫无疑问，职场中不注意小节，不论对人际关系还是工作，都有极大的负面作用。

### 1. 工作场合举止有度

2015 年 2 月网络上曝光的一段视频，引起挺大反响。某市的行政服务大厅内，市民排着长长的队伍等着办事，镜头中一位工作人员却优哉游哉地跷着二郎腿嗑瓜子。这让不少市民很不满。虽然后来回复“患有严重糖尿病……一会儿不吃东西就会晕倒”。患这样的病是否适合在一线岗位工作，而且吃瓜子能不能解决问题，相信自有公论。但“跷着二郎腿”加上慢慢地吃瓜子，实在无法给人以用心、高效工作的感觉，难怪网民对此事的批评占了绝大多数。

言行举止是一个人是否训练有素的客观表现。只有能管得住言行举止的人，才是值得信赖的人。下面都是需要注意并避免的事情。

生活用品放在办公桌上。

非休息时间吃东西或玩游戏。

喜欢插话或者打断别人的说话。

借用物品总是“忘了”及时归还。

在他人面前，开令同事尴尬的玩笑。

八卦单位及单位领导的“内幕”故事。

总让同事额外帮忙代劳自己分内的工作。

口头答应过的事情随后就忘，且经常如此。

私自改动公用电脑中的程序、口令或密码。

办公室里当众抽烟，即使孕妇在场也仍然如此。

用于聊天和处理私人事务的时间多于处理工作的时间。

开关门、抽屉，摆放物品，总是发生不应该有的额外噪声。

私人物品占用公用橱柜，公用橱柜的钥匙用过后不放回原位。

给同事起不雅的绰号，以对方的私事开玩笑，把粗俗的话带到办公室里。

对外说话或者接打电话时，总说方言俚语、网络语甚至让人反感的不礼貌语言。

和部分同事打得火热，不分彼此，而对其他同事漠不关心，不论他们遇到什么事。

## 2. 注意尊重他人领地

“私人空间”是个人权益和心理安全的表现。职场交往中，应根据双方的不同关系，保持适当距离。否则，很容易引起他人反感。同事间“私人空间”怎样把握，也是人际交往的艺术。私人空间，既指物理距离，也指心理距离。

（1）尊重隐私空间

进入他人房间必须先敲门，即使门开着也应如此。得到许可之后再进入。他人的物品，没有获得同意之前不能动。

接到其他同事的电子邮件、传真或信件的时候，不拆、不看，并及时转交。

商务往来中，个人行为也是隐私的范畴，同样不要去随便打探。像商务伙伴或同事去赴约，去哪里赴约、和谁赴约，这是人家自己的事，如果没有主动告诉你，就说明不想说。打探往往会自讨没趣。

（2）注意隐私距离

双方是什么样的关系，以及在什么场合，就应保持相应的距离，这是隐私和安全的需要。

一般来说，人和人之间的距离小于0.5米之内属于私人距离，仅适用于家人、恋人和至交（特殊场景中除外，比如相邻的座位距离）。距离大于0.5米、小于1.5米，适合于一般性的交际应酬，所以也称为“社交距离”。而距离大于1. 5米、小于3米，适用于会议、演讲、庆典、仪式以及接见的场合，意在向对方表示敬意，所以又称“礼仪距离”。和别人的距离在3米外，适用于公共场所和陌生人相处。

（3）尊重私人时间

工作上的事，尽量不要占用他人的私人时间，除非是工作任务所需或是在十万火急的情况下。

因公拜访，不应安排在休息日、节假日、晚上的时间，因为这是私人时间，除非对方建议这么做。

去他人家里拜访，必须提前预约并获得同意、在指定的时间到达、约定的时间长度内离开。没有约定时间长度时，一般应以一小时左右为限，最多不超过两个小时。还应确保在用餐时间、休息时间之前半小时就离开。

（4）不打听隐私

谁都有自己的隐私，特别是那些不愿让他人知道的个人秘密，都会有所保留，并不希望外人知道。比如情感的问题，家庭的不幸，事业的失败，生活的挫折，等等，这些都是个人过去的事情，不会轻易示人。

图4－1　打探工资也是打探隐私

个人收入，在计划经济时代全国透明，不是隐私。但现在的收入，因个人能力、机遇及地区不同而差异很大，所以就成了个人隐私问题（如图4－1）。

一个人的过去，如果对方没有主动向你介绍，那对方就可能认为是隐私，不应再去打探。个人隐私，也没必要轻易向他人倾诉。要知道，知己或铁哥儿们并不是随便都能遇到，不要让个人隐私随便被别有用心者所利用。

他人向你诉说隐私，是对你无比的信任。听到者要做的就是隐私的外泄到你为止，不对外张扬，这也是对方最希望的。

## 二、与同事交往礼仪

同事是与自己长期共事的人。

如果同事之间关系相处得融洽、和谐，人们就会感到心情愉悦，有利于工作顺利、高效地推进；反之则会影响正常工作和生活，阻碍事业发展。

### 1. 同事之间求同存异

任何单位都不希望看到员工之间不和谐，从而造成关系紧张，缺乏战斗力。而作为一名新员工来说，注意和谐的同事关系，也是基本的职业素养要求。

不排除有人会暗自把同事当成对手，甚至处心积虑地用各种手段去攻击。在一个单位里，相互拆台只能是损人不利己、两败俱伤。只有相互联合、彼此相依相存，构建双赢的局面才是皆大欢喜的。

同一个单位，每个人的工作都有相对的独立性，又都和全局相关联，如果只顾自己，不管他人，势必会影响整体形象和战斗力。一个单位的工作就像下棋，输赢系于每个棋子，“一招不慎，满盘皆输”。整个棋局都输了，再有力量的棋子这时也没有价值了。

和谐的关键是求同存异。如果总是强调差异，只会使大家的距离越来越远，矛盾越来越深。

大家个性志趣不同，工作风格也相异，但共同目标都是做好工作、获得发展。在这个大前提之下，即使性格不合，为了共同的目标，也应以大局为先，求同存异、互相包容。就像一棵大树，它的枝叶都是向着阳光生长。我想，向着阳光就是枝叶一致的目标，只有这样才能让它们更好地生存下来。这就像我们职场中求同存异的道理。

如何待人，他人就如何待你。学会为他人着想，就会产生同化，彼此间的关系就会更加融洽，才会有更好的工作氛围和工作效率。

### 2. 积极配合共同成长

现代社会，强调分工也注重合作。一个单位就像一个小社会，大家工作相对独立但又有千丝万缕的联系。要把每件工作都做好，需要每个人的积极配合，朝同一目标共同努力，大家就会共同分享成功；如果各自为政，大家只能“共享”失败。

俄国作家克雷洛夫写过一则寓言：一天，天鹅、梭子鱼和虾一起，要从大路上把一辆货车拖走。它们都使劲地拉，但货车总是在原地一动不动。是车上东西太重了吗？不是。原来，天鹅拼命地向云里冲，虾尽力向后拖，梭子鱼拼命地往河里拉。它们向三个不同的方向各使各的劲，力相互抵消，车子当然不动了。它们虽然各有各的本领，但缺乏朝同一方向积极配合、共同努力的意识。

身在职场，必须和其他人携手合作，把大家的才华、技能、知识、专长等都集合起来，共同努力，才能使任务完成得更快、更好。所以工作中应该不分分内分外，分内的工作是必须要完成的，而分外的工作则应在完成本职工作的前提下，尽量配合。

与同事相处时，多为他人着想、配合，不必过分强调应不应该。每位员工都是团队的一员，不论是谁都会遇到需要别人协助的时候。所以，我们需要首先学会积极配合其他同事，不管是部门内的还是部门外的，都是本单位的事。作为新员工，不应该等着其他同事来主动找你，而应该积极主动去做，从力所能及的、看得到的小事做起，比如主动帮着送送文件、复印资料、发个传真、倒杯茶等。

有时候为了整体利益的需要，会被要求配合其他同事的工作。这就有可能会牺牲个人的些许利益。这种情况下，应该有全局的集体利益高于个人利益的思想，不必有什么抱怨，为了工作需要配合其他同事是每位员工的义务和责任。

### 3. 有矛盾就积极化解

有人的地方就有矛盾，何况是同事之间。同事之间的矛盾，需要以一颗平常心来对待。

（1）提前预防

事实证明，同事间大部分矛盾都由主观原因引起，大部分都可以预防。

体察同事情绪。人都有遇到挫折的时候，当同事心情不好，说话做事就要注意一点，大家毕竟朝夕相处，能忍则忍，不必过于计较同事在非常情况下的态度。而双方关系不错，还应该主动表达关心，该安慰则安慰，能出主意则出主意，分担喜怒哀乐。分享快乐使快乐加倍，分担痛苦使痛苦减半。

注意态度。我们也必须注意自己的态度，不把生活中的情绪带到工作中来，避免出现不耐烦、高傲、挖苦、瞧不起的样子，尽量多用商量、赞许的语气说话。尽量控制自己的情绪，一旦自己因情绪失控说了不好的话，应第一时间向对方致歉并解释原因。

不较真。除非是涉及原则性的问题，对一些无关紧要的事，不能抓住不放，而要大事化小、小事化了。不要将简单的问题复杂化，鸡毛蒜皮的小事也非得弄个水落石出，论出个是非长短，自己身心疲惫不说，连同事也得罪了。谨记：忍一时之气，免百日之忧。

保持低调。取得成绩、奖励或受到领导肯定时，在同事面前保持适当低调，尽量降低大家可能有的妒忌心理、抵触情绪。包括平时的着装打扮，也不应过分张扬、另类。否则，极易造成别人的反感，这也是很多矛盾的根源。

（2）不要激化

多多理解别人。因为每个人都有自己的个性和想法，没有理由苛求别人都迎合自己的意愿。人际交往中难免会发生误解、争执。一旦出现，一定要换个角度，站在对方的立场上，多为对方想想，理解对方处境，不能在背后议论是非或指桑骂槐。

多反思自己的过错，不要一味指责他人。同事之间一旦出现矛盾，首要的就是不激化问题，不刺激同事，确保事情不会往更坏的方向发展。这样的处理方式，需要理性的头脑和博大的胸怀。

待大家心情都平静后，再私下里沟通。但如果沟通中只一味说自己对，或者盛气凌人、不依不饶，即使赢得争论，往往也会让他人对你另眼看待，觉得你霸道、不近人情。

（3）沟通调和

矛盾一经产生，要理智地分析问题、解决矛盾，不能视而不见。

出现矛盾，就要及时沟通，以积极主动的姿态和强烈的自我控制意识，与同事进行良好的互动沟通，以得到对方的理解和信任。沟通后，即使对方不理解不接受也没关系，至少其他人看到了你的善意和诚意。不好意思当面道歉的，可以借助电话、短信或微信来表达。

遇事三思而后行，克服猜忌心理，多问几个为什么，大部分情况下都是一个巴掌拍不响。再有矛盾，终究还是同事，切忌“听风就是雨”，否则不仅伤害同事感情，影响工作，还会被别有用心的人所利用。

“相逢一笑泯恩仇”，况且还谈不上“恩”和“仇”。微笑是表达和增进感情的重要方式。双方产生矛盾时，第一个微笑的人是值得敬重的，也是让双方走出矛盾的转机。是自己的错，笑能表达自己的歉意和敬意；是对方的错，笑能表达宽容和谅解。

（4）以德报怨

很多人都习惯以自我为中心。产生矛盾，喜欢以对方之劣和己之优来对比，从而产生优越于他人的错觉，从而使关系变得更加紧张。事实上，如果让对方细细道来，可能大部分都是你的问题。

所以，同事间化解矛盾，应从“治己”开始。出现矛盾或分歧时，有意识地调节自己的情绪，做好“自检”，寻找自身原因，确定解决矛盾的最佳姿态。通过自检，发现造成矛盾的主要原因是对方，也应先“治己”而后“治人”。

### 4. 异性交往把握原则

康亮最近正为公司里的传闻而郁闷不已。原来，公司最近都在传说康亮和公关部的李晶——亮晶晶有情况，说得有鼻子有眼还外加目击证人。康亮因工作关系需要经常和李晶联系，同时出于绅士风度，对李晶呵护有加，甚至还在休息时间陪着李晶逛了几次街。就因为这些，康亮成了公司新闻人物。

“亮晶晶”的问题，源自和异性同事交往中没能把握好度，才招致其他人的误会。

俗话说“男女搭配，干活不累”。但如果把握不好交往原则，反而会招致不必要的烦恼。

（1）需要平等相处

在职场，和男女同事都要友好相处，男士如果“重女轻男”会被认为轻浮，而女士“重女轻男”则会被认为高傲。工作中或是与工作相关的场合中，男士应把女同事看作“中性人”，不必给什么特殊照顾。否则很容易引起他人议论，更可能会让女同事认为你觉得她缺乏能力，是弱者。而女士也应把男同事看成是平等的共事关系，没有什么义务帮你做额外的帮助。

平等相处，女员工禁忌工作上“人家是女生嘛”之类的撒娇意识；而男同事禁忌表现出大男子主义，对女同事指手画脚，听不进女同事建议，喜欢指挥别人。

工作平等共处，并不意味着什么时候都不讲男女有别。尊重社交场合“女士优先”的惯例，并且在体力活上适当多照顾女同事。而女同事对于绅士风度应大方地表示感谢。

即使异性同事给你的工作带来麻烦，也应尽可能不要当着其他人的面责备，最好私下里冷静地告诉对方。更不要拿对方的不足和其他异性做比较，这会伤对方的自尊（如图4－2）。

图 4－2 勿拿异性同事相互比

（2）举止必须有度

男女毕竟有别，所以大家举止必须有度，开玩笑也应适可而止。禁忌挑逗性语言、荤笑话，以避免不必要的误会。遇到异性同事倾诉情感方面的问题，浅“听”辄止，安慰即可，不应介入太深。或许你觉得没什么，但难免会让对方产生误会。

和异性同事避免肌肤接触，包括拍肩膀。称呼上，不要随便对异性同事只称呼名，除非对其他异性都这样称呼。

女员工在办公室的着装，必须照顾到男士的感受，穿着不应过于薄、透、露、短、小、紧。这是对男士起码的尊重，不要试图挑战男士的忍耐极限。

（3）保持恰当距离

和异性同事交往，不必太过热心、关心。否则，即使你认为没什么，也难免会让对方或其他人觉得你有企图。一位男同事和一位女同事走得很近，其他女同事往往会自动疏远他。相反，其他的男同事就会疏远她。对不同的女同事确有亲疏远近，还是应尽可能在表面上做到一视同仁，避免成为绯闻的来源。

另外，保持恰当距离也并不是说要过分拒绝和异性相处，那样同样不利于自己的工作，显得太过敏感，也显得缺乏交往技巧。

如果你没有其他“意思”的话，就不要在异性同事面前发情感方面的牢骚，也不要频繁地赞美异性的形象。

（4）大方而不轻浮

异性同事之间也是因公交往，所以，不宜将异性同事之间工作场合的交往、关爱当成是暗示而想入非非。

一方面，即使感觉到异性同事“不对劲”，尽量避免八小时以外的私下交往。而另一方面，你如果不希望有什么，同样应避免八小时外的私下交往。

这方面包括行为和言语两大块。以尊重对方是异性工作伙伴的关系来处理办公室中的一些事务，将会使某些复杂的事务变得简单一些。不要把办公室的异性关系处理成类似“恋爱关系”所期望的那种结果，也不要与某个异性发展成比其他异性更为亲密的关系。下班以后做朋友是另外一回事，但在办公室内必须区分“轻急缓重”的关系。

（5）体谅并且帮助

谁都有可能遇到不顺或身体不适，或难免一时没能控制住情绪，碰巧你撞到枪口。遇到异性同事的莫名怒火，应该予以体谅、理解。所以，不必针锋相对，忍一时风平浪静，这对她们来说，或许就是一种帮助。

不管男同事还是女同事，都有可能因为工作头绪繁多而忙得焦头烂额，或因为事业发展停滞不前而烦躁郁闷，也有可能为家庭纠纷而沮丧不已。人们往往对异性的排斥情绪要小一些，如果说一句“我可以帮你做点什么吗”，对方就会感激不尽。

## 三、与领导交往礼仪

网络流传的下属几大不懂事是：领导敬酒你不喝，领导走路你坐车，领导讲话你啰唆，领导私事你瞎说，领导夹菜你转桌……这从一个侧面反映了职场中和领导的相处之道。职场中，人格上都是平等的，但因分工的不同，使得领导承担更大的责任，也就需要扮演相应的角色。所以我们在和领导交往中，需要注意一些基本的原则和技巧。

### 1. 注意维护领导形象

《三国演义》中：官渡之战前，许攸投奔曹操，献了一系列的妙计，为曹操击败袁绍，夺得河北之地立下了赫赫功劳。在曹军占领冀州城后，一次聚会时许攸直呼曹操小名，说道："阿瞒，不是我献计，你能得到这座城池吗?"曹操部将许褚大怒，拔刀杀了许攸。得意忘形的许攸，当众一点不顾忌曹操的面子，虽然曹操本人当时没说什么，想必早已动了杀心，所以事后只是责备了许褚几句就了事。

"人活一张脸，树活一张皮"，生动形象地说明了人们爱面子、需要维护个人形象的状态，领导者更是如此。作为领导者来说，维护形象就是维护工作上的正面形象。维护领导的形象要注意以下方面。

（1）留台阶下

图 4－3　避免当众给领导纠错

领导有错时，可以纠正，但应该避免当众纠正（如图 4－3）。如果是无所谓的错误、其他人也没发现，不妨"装聋作哑"。但错误明显，确有纠正的必要，最好找个能使领导意识到而不让其他人发现的方式纠正，让人感觉领导自己发现错误而不是下属指出的，如一个眼神、一个手势或一声咳嗽都可能解决问题，或者事后私下里尽快提建议。

单位组织了新员工见面会，张部长根据名单和大家逐一认识。当读到"张华"时，"张华"赶紧站起来说："我叫张烨，火华烨，不是华。"一句话使得张部长挺难堪。这时助理赶紧解围说："对不起啊，张部长，是我打错字了。"关键时刻给别人台阶下，特别是对于领导来说，这也是下属的责任。

领导理亏时，给他留台阶下。常言道：退一步海阔天空，对领导更应该这样，这样也便于单位的管理。领导并不总是正确的，但又都希望自己正确，所以给领导台阶下就是维护了领导的尊严，领导必然心知肚明，自然会理解并感谢你的善意。

（2）距离有度

某单位组织女职工体检，医院要求两人一组，小林和领导正好分在一组。体检乳腺项目时，小林感觉领导好像有点不好意思似的，有点迟疑地跟小林说："小林，要不你先去检查其他项目吧。"小林说："不用。领导，我和您一起体检吧。"小林发现领导在短暂的尴尬表情之后，竟然有点不悦地让小林先体检。这场尴尬就在于和领导交往时，没有注意到场合以及距离的问题。

工作场合，讲究的是"公事公办"。即使和领导私人关系再好，在工作场合、工作时间里，也不要表现得过分随便或亲密无间，注意保持适当的距离。这样的举止有：勾肩搭背，随便拍肩膀；语言上，直呼姓名，甚至是绰号，不称呼职务，说令领导尴尬的笑话，甚至说出领导的隐私，或者有能"窥探"到领导隐私的距离，等等。

（3）服从工作

下级对领导的正常工作分配必须服从、执行，当面不应该顶撞。即使有意见或不同想法，可以私下交流。对领导指挥中的错误可以事后提出意见，或者在执行中提出建议。同时，在日常工作中积极响应领导号召，自觉配合工作，不可以阳奉阴违、口是心非。

服从还包括主动做好协助工作。和客人一起洽谈时，拿取、递接资料，端茶送水；和领导一起用餐，中途需要服务时叫服务员，用餐结束去结账；和领导一起出差，主动安排交通工具、订票，安排吃住行；拜访时，和对方领导见面，双方领导不认识，主动为他们介绍……

## 2. 领导批评积极应对

工作中难免会受到领导的批评。特别是新员工，因工作态度、工作作风、工作效率等问题，受到领导的批评更是常事。在批评面前，应该是吸取教训、发奋进取，还是垂头丧气、怨天尤人呢？

（1）虚心听取

对待批评，首先要做的就是虚心听取，这是工作态度的问题。一般说来，当领导的批评符合事实或在私下批评时，下属比较容易接受；而当领导的批评和事实有出入，或者当众批评时，下属则容易有情绪。特别是后者。被批评后必须保持冷静的头脑，本着“有则改之，无则加勉”的态度，耐心听取领导批评。不能自以为有理，而与领导争辩，现场“顶牛”。顾全大局，维护领导的权威是部下应尽的职责。绝大多数情况下，领导总有其批评的道理，批评目的是希望被批评者能够获得更大的进步，或者是借机适当地“小题大做”，目的是向大家警示。至于领导批评中和事实不相符或有误会的地方，事后有的是机会去私下沟通或者在工作中表明。

（2）换位思考

有些下属不懂得领导的良苦用心，不懂得“严格是爱、放纵是害”的道理，总把领导的批评看作“成心和自己过不去”，或者埋怨“干得越多，挨批越多”，甚至认为“不批评自己的领导是好领导”。其实，敢于批评下属的，绝大多数都是事业心强，要求严格，雷厉风行的领导。他们追求工作高标准，批评对事不对人。特别是对于认为可以重点培养的人，常常采取任务上压担子，工作中严要求，“响鼓重锤敲”的办法。所以，有一些批评往往是领导对下属“恨铁不成钢”的表露。哪天领导对你不关注，也从不批评，或许说明你已经被边缘化了。

由于领导工作任务重、压力大等原因，很难事事都深入调查，件件精确无误，出现批评上的偏差也是情有可原的。

（3）举一反三

“知耻而后勇。”领导的批评是激励下属发奋进取的动力。当下属受到领导的批评之后，除了要认识出现问题的危害，深挖问题的原因之外，更重要的是要举一反三，查找整改自己的不足，加倍努力做好本职工作和领导交给的各项任务，避免在同类问题上发生第二次错误。任何领导都最忌讳那种“当面受触动、表态很激动、回去不行动”的人。

其实，正确对待批评，最根本是要加强自己的思想、性格、处世的修养和工作能力。“良药苦口利于病，忠言逆耳利于行”的道理谁都懂，但真正实践起来并不容易。

### 3. 勤反馈获支持信任

勤和领导交流反馈、及时汇报工作是员工特别是新员工在工作中的重要守则，这也是绝大多数单位在工作沟通最有问题的环节之一。工作交流反馈、汇报的如何，直接影响单位各项决策的执行进度。

（1）为何不愿反馈

很多员工都想方设法躲着领导，特别是新员工面对严肃型领导时更是如此。领导是不是严肃，那是性格的原因；能不能交流反馈、及时汇报，是工作态度和责任心的问题。如果领导一直都无法知道你的工作进度，或者如果想知道你的工作进度，非得要亲自找你了解，只能对你有更坏的印象，面对你只能是越来越“严肃”。你也就难以取得领导的信任，对于今后工作的开展难度会更大。

很多人认为自己的工作，领导都会知道，没什么好交流反馈的，也不需要去汇报，而且领导看起来还总是很忙的样子。这种心态当然也是错误的。领导对你的工作也许知道，但从你这里把信息反馈给领导，或者遇到问题、有想法，能不能主动交流，对领导来说意义不一样。你反馈的时候，领导得到的是第一时间的、最精确的信息，而且工作中如果有问题，能及时在双方的沟通中处理，还能获得来自领导的最新建议和支持。

许多员工非常重面子，不喜欢在他人面前说自己有处理不了的事情，认为让他人知道显得自己无能，当然也就拒绝他人的协助。同时，也不愿意及时向领导反馈。

工作效率低下，总是不能如期完成工作，所以不敢见领导。这种情况下没有其他好办法，必须抓紧时间做好工作，不能把工作如期完成的下属无论反馈与否，都不会被领导认可。可以为自己定个规定，定下反馈的频率，逼自己坚持做下去。

（2）怎样交流反馈

反馈、汇报要注意方式和时机，这也是主动争取领导支持的好办法，是做好工作的重要保证。

工作反馈的频率要把握好。如果工作要完成的周期超过一个月，那就应一周左右反馈一次；如果需要一周完成，那就要两天左右反馈一次；如果当天就能完成，完成后的当天或第二天就应反馈。如果领导另定有反馈时间的，则应尊重。

工作反馈，和是否完成没有必然联系，而是要让领导知道你的工作进度，以及在这其中的一些重大问题上你采取的方法及成效。是为求得领导对工作进度及方案的意见，而不是向领导寻求解决问题的办法。否则事事都请领导拿主意、要具体的解决办法，在领导看来这样的下属就显得多余了。

向领导反馈，意味着你要多说，并事先有所准备，不仅是为了说得更有条理，也是为了领导就有关问题问你时，能清楚明了，避免一问三不知，再问更不知。甚至有的人和领导交流沟通时，坚守“言多必失”的信条，能不说就不说。面对领导，一言不发不会有任何裨益，因为领导期待的是信息和想法。不说话，可能会认为你不了解、不懂或者不屑于说。不管怎样，都不是正能量的表现。和领导分享你对工作的想法，是敬业、爱岗的表现。

向领导反馈工作也要注意技巧。反馈的内容应是领导所关心的。领导的时间有限，许多你能力范围内可以处理的问题、程序既定的工作，处理了就处理了，不必再向领导反馈。事无巨细，统统反馈，也有邀功或者不分轻重之嫌。

交流反馈还包括：领导安排工作、分配任务时，不清楚的地方要询问清楚；尽量以具体化的方式，向领导确认命令的内容；有疑问或意见时，等领导把话说完再提出来。

一个优秀的员工必然是一个善于反馈工作的人，因为在反馈过程中，能得到领导最及时的指导；同时在反馈过程中能够和领导建立起牢固的信任关系。

## 本课要点自测

1. 办公室里，需要注意哪些小节？

2. 和同事发生矛盾，该怎样处理？

3. 工作中，怎样维护领导的权威？

# 第五课

# 个人言论礼仪

## 案例鉴赏:蒋玲的微信风波

蒋玲怎么也没想到，自己会因为微信被公司解雇。

80 后的蒋玲，工作兢兢业业，但就是有点小性格：喜欢说。不管对谁有意见，都会直接表达出来，好在也都不是什么大不了的事，大家对此也不是很在意。

可自从她用了微信之后，事情就有点不一样了。工作时间喜欢玩微信，而且喜欢把工作中的心情随时直播到微信朋友圈里。于是同事、领导或者她的客户，经常在微信朋友圈里看到她的各种实况直播。甚至还将公司内部招标的一些情节，也无意中直播出来，朋友圈里的客户根据这些信息分析出相应的招标情况，给公司带来不小损失。

作为职场人，不管是口头言论还是其他言论形式，必须要注意基本的礼仪和惯例，以不失礼、不泄密、不给工作添麻烦为基本前提。蒋玲的这个例子，给我们提了个醒：个性虽是好，言论须有度。

一句话让人笑，一句话让人跳。不注意交谈技巧、交谈礼仪，给人带来的只能是误解和冲突。我们在平时的交往中要做到的是广结善缘，所以必须注意我们的言论，尽量不要让人跳。

## 一、交谈沟通

2006年11月，著名作家柏杨因患肺炎住进了医院，许多人去探望他。柏杨的一位干女儿看望柏杨的时候竟说："干爹，来世我们还要做父女。"这句话气得柏杨脸色铁青，当场落泪。而另一位探望者更是哭丧着脸说："我真舍不得您啊，柏杨！"这令柏杨更加伤心。事后，柏杨无奈地对妻子张香华说："哎哟，好可怕，跟他们说谢谢了，都不用再来了。"

我们无处不需要交谈。面对相应场景，谈什么、怎么谈，事关沟通效果及交往质量。谁都不希望花费精力却达到让人反感的沟通效果。作为新员工，我们更需要注意交谈沟通的基本礼仪。

### 1. 日常交谈避免禁忌

我们不管是对内交往，还是对外交往，日常交谈中应该注意基本的谈话礼仪，这是处事之道，也是交往艺术。

（1）交谈始于寒暄

寒暄的内容，我们在第三课已经专门介绍，这里就不重复了。只要不是天天在一起，交谈之前都应该有寒暄。合适的寒暄，可以使双方的交谈更顺畅，更有人情味儿。

（2）不适合的内容

双方一般都是因公而谈，所以有关年龄、收入、婚恋、宗教信仰等情况，如果不是对方主动提出来或是工作需要必须了解的内容，就不要主动谈论。

谈话内容一般不要涉及疾病、死亡、荒诞离奇、耸人听闻或黄色淫秽的事情。

有关第三方，不宜作为双方的话题选择，特别是针对第三方的批评类话题，对方很容易会误认为有“影射”之意、搬弄是非之嫌。

和对方的现状相关的负面信息或让人不快的话题，也不适合交谈。比如在医院看望病人，谈论对方或其他人不好的医疗消息及有关生死的话题；对方业务失败，谈论失败带来的消极后果或这个行业、这个单位的负面消息；有人要去旅游，与之谈论近来旅游当中发生的意外伤亡事故（如图5－1）……

另外，有关错误倾向的话题，如违背社会伦理、生活堕落、政治错误等，也不适合交谈。

有关本单位的人事安排、领导个人情况及有关对外保密的事项，如技术机密、运作机密、项目机密等，即使双方交谈氛围再融洽或者对方主动再三询问，这些内容也不可以触及。

**图5－1　交谈时避免让人不快的话题**

（3）交谈礼仪禁忌

交谈要注意场合。别人正忙时，要长话短说，不重要的事先不说。一起用餐时，能少说就少说，且不说倒胃口的话题。而在卫生间，别人正“办事”时，不做过多的闲聊。

寒暄注意适可而止，不要总是东拉西扯，否则既浪费时间，又会使对方厌烦，甚至怀疑你的沟通诚意。

不要显示自己有恩于人，这在他人看来是骄傲自满、喜欢出风头的表现。

不要花言巧语，虚伪客套。因公交往中，态度要诚恳，实事求是，不用过分虚伪、客套。

不要独白。既然交谈讲究双向沟通，在交谈中就要目中有人，礼让对方，多给对方发言机会。普通场合的小规模交谈，以半小时内结束为宜，最长不要超过 1 小时。如果人多，在交谈中每个人的发言最好不要超过 5 分钟。

不要插嘴、抬杠。出于尊重的需要，他人讲话的时候，不要中途打断或与人争辩。这是有悖交谈主旨的。即使有话要说，也要等到对方说完一件事或中途停顿的时候再说。

不要说“你错了”。谈论某个话题的时候，即使是对方的观点错了，也不要直接说“你错了”之类的话。否则不但改变不了对方的态度，反而会招致对方的反感、敌对的情绪。

注意手势不要过大、手舞足蹈，动作要适当。不要和对方离得过近或过远，更不要拉拉扯扯、拍拍打打，尤其注意不要唾沫星四溅。

认真倾听是礼貌，也是沟通技巧。交谈中要身体略微前倾，目光柔和地注视对方，适时地以点头或微笑做出反应。不可以显示出不耐烦的表情或东张西望、插话。他人谈完后再发表自己的看法。

不要主动有左顾右盼或看手表、伸懒腰、打呵欠等漫不经心的动作，这些动作是结束交谈的代名词。

对方提到一些不便谈论的问题时，不宜轻率或义气表态，而是可以借机转移话题。

不要出现冷场。一旦出现冷场，就要主动找话题，特别是主人这一方。冷场时间过久会造成尴尬的局面，在来宾看来，无异于给人脸色看一样让人坐立不安。

### 2. 办公室说话有分寸

自繁可进公司后，很快就成了同事们的头号“烦客”。他只要对哪位领导有意见，很快就会有不少这位领导的小道消息、花边新闻和大家“分享”；看不惯哪个同事，就会跟办公室其他同事逐个“我只跟你讲”。而他一旦哪个月的销售业绩不错，马上会对该月业绩差的同事逐一表达“关心”，“热情”地指出人家的不足……很快他就变成了人见人烦、花见花谢的“烦客”。

繁可之所以成为“烦客”，是因为他不懂得办公室交往规则，犯了职场禁忌，不受欢迎是当然的事情。在办公室这个特殊的空间里，说话不可以随心所欲。

（1）不要随便谈私事

不论得还是失，都不要把自己的私事带到工作中。有的人喜欢向同事倾吐苦水，虽然这样的交谈富有人情味，能使你们之间变得更加友善，但研究调查指出，只有不到1%的人能够严守秘密。所以当你出现个人危机时，最好不要到处诉苦，不要随便把同事的“友善”和“友谊”混为一谈，以免成为办公室的焦点或领导眼中的“问题员工”。

薪水也算私事，所以不宜在办公室谈论。薪水一般都是根据个人能力和贡献而有所差别。如果在办公室谈论，工资高的，暗暗高兴；工资低的，不会去想自己的能力和贡献，只会心理不平衡，特别当晚生后辈的工资比自己高的时候。从而会影响同事间的工作关系。

不要在办公室里谈论自己的心事，甚至职业生涯规划、离职想法。实在想谈，可以约三两知己，在办公室之外的空间谈。

（2）办公室不乱说话

同事或者领导的负面问题，绝对不能在办公室里说，即使“我只跟你讲”（如图5－2），但很快所有人都会知道。这是造成人际关系紧张的一个重要原因。

**图5－2　办公室不乱说话**

报领导或同事的“猛料”，让人感觉很八卦，太无聊。如果是流言蜚语，容易伤害同事间的情谊，甚至反目成仇。他人的是非，自有公论，在办公室里谈论，反而会让人觉得你是在幸灾乐祸，唯恐天下不乱。

在办公室里传播公司还没公布的消息或者社会上的敏感事件，都不是太合适。

同事遇到不幸的事，不应再往伤口上撒盐。我曾听到有人在办公室里问同事，过得好好的为什么离婚。在办公室里问这个，只能触痛对方的敏感神经。

个人的宗教信仰、政治倾向，这些极易引起争论的问题，都不适合在办公室谈论。

（3）不在办公室争论

虽说争论在所难免，争论是职场民主氛围的体现，甚至有适当争论才有创新。但作为新员工，初来乍到，在这方面还是适当“潜伏”一点的好，更重要的是多多学习，多多了解。

对新员工来说，最好不要在办公室里和人争论。不是任何单位都有友好的氛围，也不是任何人都能做到辩论之后还会心平气和。

有些人喜欢争论，一定要胜过别人才肯罢休。假如你实在爱好并擅长辩论，建议把这项才能留在办公室外发挥。否则，即使口头上胜过对方，但其实已经损害了他人的尊严，对方有可能从此记恨在心，你就像在身边埋了一颗地雷，不知道什么时候会触爆。

（4）不要乱开玩笑

在办公室里，什么样的同事都会有。所以即使开玩笑，也要注意尺度，不能对任何人都开千篇一律的玩笑，何况有人不能开玩笑。

1）不要拿别人的隐私、缺点、弱点、尴尬事件作为笑料。

2）与年长同事、领导开玩笑，一定要在维护对方尊严的基础上。

3）性格开朗、大度的人，可以稍多开点玩笑，能使气氛更加活跃。

4）拘谨的人，少开甚至不开玩笑，否则很容易误认为是在挖苦或讥笑。

5）异性，特别是对于女性，开玩笑一定要适当，避免让人感觉别有用心。

（5）说话对事不对人

和同事、领导交谈时，有时候要讲究就事论事，避免附加任何感情因素的评价。当同事把工作处理得很好，即使是常规工作，评价的时候可以说“这是我们的日常工作”，而不能有情绪或感情因素“这是我们的日常工作，很容易的”或“这是我们的日常工作，谁不会呀”，后面的“很容易的”“谁不会呀”就使这个事变成了“对人”，言外之意做得好没什么，不见得那个人有什么能力。一件事情，同事没处理好，评论的时候说“这件事，需要考虑的因素很多，挺复杂”就可以了，不要再在后面加上“需要能力强一点才行”。

同事请你做一项工作，但你正忙其他事，可以说“如果时间允许，我会试着把这件事插到工作进度中”，这是客观的说法。但有人偏要加一句“你怎么不早说”。很多工作都是突发的或者临时要办，谁都不好预计，“你怎么不早说”就变成了责怪。这其实是一种说话方式的问题。即使不是有意，但在听者看来，完全变成了“对人不对事”，慢慢也会影响同事关系。

## 二、工作演讲

中新网2015年3月13日据“中央社”报道说，美国最大西语电视台“环球电视台”（*Univision*）表示，主持人费盖罗亚因在电视节目中说第一夫人米歇尔长得像猩猩而遭开除。环球电视台在声明中表示：“昨天费盖罗亚在娱乐节目‘*EI Gordo y La Flaca*’对第一夫人做的置评应受到斥责。所以费盖罗亚职务已立刻解除。”

想必主持人本意是开个玩笑、活跃一下气氛，但忘了公众演讲不可以随心而欲。

我们在职场中时时处处都会用到演讲。无论是会议发言、招标说明、还是欢迎祝贺等，都带有演讲的性质。演讲能很好体现出一个人的风度、阅历和应变能力。演讲只有从举止到内容都得体，才能起到应有的沟通效果，而不是招致他人的误解甚至反感。

### 1. 演讲前的准备工作

演讲不是随心所欲的发言，而是相对比较正式的交流活动，它要求演讲者面对听众能言之有物、言之有序、言之有情，从而达到沟通目的。一次成功的演讲，必须重视演讲前的准备工作。

（1）讲给谁听

这就是要分析听众的情况、听众的需求。

应该了解听众的国籍或民族、职业及职务、年龄层次、受教育程度、个性特征、兴趣爱好等。

是讲给自己的同事？领导？其他部门？合作伙伴？竞争对手？

要清楚听众中你需要影响的关键人物是谁？

听众，特别是当中的关键人物，他的期望是什么？有可能提出的问题或异议是什么？

听众，特别是当中的关键人物，对你所讲内容的了解程度如何？

听众对你、对你所代表的集体，以及你所讲内容的态度怎样？

听众的信息了解越多，演讲就更容易做到有的放矢，因为这样才可以在演讲中安排最恰当的内容、态度、语言、方式及例子去感染、打动听众。

了解听众，更利于自己在演讲中情感的投入。古希腊著名的哲学家亚里士多德说过："一个充满了感情的演说者，常常使听众和他一起感动，哪怕他所说的什么内容都没有。"可见，演讲中投入真情感，对于演讲是否成功影响重大，同时也更有利于保持情绪上的放松，有效克服怯场。

（2）在哪儿讲

环境对演讲者的影响非常明显。对不熟悉的环境，如果可能，一定要提前到场。在本单位演讲，熟悉环境的时候要检查：场地空间大小怎样？座位排列是否易于交流；光线是否适宜；环境是否有干扰；辅助设备、材料是否齐备？是否习惯演讲席的位置？道具摆放位置是否方便使用？是否需要准备横幅？根据现场情况，调整演讲内容或互动环节，同时也做好心理准备。

去外单位演讲的话，只能让自己在最短的时间内来主动适应环境。但可以再做一些局部调整，比如道具和水杯放在自己最顺手的位置，把发言席调到自己最适应的位置等。

（3）用什么讲

为能达到最佳的演讲效果，演讲有时候还需要辅助的设施材料。包括：可以翻页的挂图、白报纸，白板笔和白板、遥控笔、电脑及投影仪，发给听众的书面材料，事先调试好的音响设备，演示设施，参与类活动所需物品道具等。

小型演讲，演讲者一般使用白报纸和白板作为其主要视听辅助工具就可以了，往往不需要使用 PPT 投影。不管当场在白报纸或者白板上书写，还是事先制作 PPT，都要注意让展示的内容尽可能简洁，文字大小适当。

制作 PPT，务必注意版面美观。同一页的内容，字号不要变化太多，字体一般不超过三种，而且一句话最好在两行内表述完毕，以方便阅读。标题，一般以 32/34 号字为宜，而内容则以 28/30 号字为宜。每一页字的颜色处理上，不超过三种，并且多用图片、表格、数字来表达，尽量避免满页文字式的表达方式。PPT 中同一级别内容的文字大小、字体尽可能一致，比如每一页内容的一级标题和一级标题之间、二级标题与二级标题之间。

当然，还有内容准备，会在下面接着介绍。

### 2. 普通演讲注意内容

普通演讲，是指非礼仪性演讲之外的演讲。

（1）基本要求

卡耐基说：“脑子里所能吸收的，超不过屁股所能忍受的。”所以演讲的时间长度上，力求能短则短。没有特别要求的，一般的工作演讲控制在半小时内；时间再长的话，就要考虑穿插一些与听众的互动环节调节气氛；即席演讲，一般三五分钟就应结束；而“限时演讲”，即演讲的时间有所规定，超时是大忌。

注意语言节奏和内容表达的口语化，并注意逻辑严密，语句通顺。为增强表达上的气势，应把长句改成短句，把倒装句改成正装句，把单音词换成双音词，少一些书面语，尽量不用文言词句，交替穿插一些历史典故、名人名言之类的哲理性、趣味性材料。演讲内容中可以设置悬念，让听众于山穷水尽时豁然开朗。表达上可以层层蓄势、层层铺垫，然后水到渠成，集中议论抒情，将感情和气势推向高潮。使用幽默语言时，不要使用让人误解或低俗的。如果引用了典故、名人名言或者历史事件，则所用内容务必要保证其准确性和恰当性，否则会给整场演讲带来负面作用。

据《人民日报海外版》报道，2006 年 5 月 20 日，陈水扁在赞扬台湾志工（志愿者）精神时说：“有很多我们的志工团体，不管是当局代表或者是民间企业帮忙等，这些都是罄竹难书，非常感人的成功故事。”一句“罄竹难书”语惊四座，堂堂台湾地区领导人，竟然不知道这个成语的褒贬，让人目瞪口呆，成为笑柄。

名人乱用典故的故事还有很多，如前几年的“七月流火”事件。作为新员工，演讲的时候引经据典更要慎重，要用就要避免出现差错。

（2）内容要求

演讲通常包括开场白、正文、结尾三部分。

开场白是演讲中很重要的部分。好的开场白能够紧紧地抓住听众的注意力，为整场演讲的成功打下基础。常用的开场白有点明主题、交代背景、提出问题等。不管哪种开场白，都是让听众立即了解演讲主题、引起思考等。

正文也就是演讲的主体。主体必须有重点、有层次、有中心语句。演讲主体的层次安排可以按时间或空间顺序排列，也可以平行并列、正反对比、逐层深入。为了便于听众理解，应注意各段落的上下连贯、过渡和照应。

结尾起着深化主题的作用。结尾的方法，适合我们用的有归纳法、引文法、反问法等。归纳法是概括一次演讲的中心思想，总结强调主要观点；引文法则是引用名言警句，升华主题、留下思考；反问法是以问句引发听众思考和对演讲者观点的认同。另外，演讲的结尾也可以用感谢、展望、鼓舞等语句自然、简单地结束，给人留下深刻印象。

一次演讲最好有一个主题，这是由演讲的特定情景性和时间性所决定的。在一个有限的时间段内，完全借助于语言、手势等向听众讲明这个主题，就要求演讲内容的准备上一定要突出主题、观点鲜明。

主题选定之后，还要选择相应的内容加以论证。这个内容的选择要通俗，要选择大多数人都知道的、听得懂的。所以事先对听众情况的了解就显得很重要。

### 3. 礼仪性演讲有要求

礼仪性演讲有一个共同点，就是内容要简短，一般时间长度上不超过 5 分钟。我介绍几种新员工可能用得上的礼仪性演讲。

（1）祝贺演讲

在日常交往中，不要轻易地放过每一个可以向自己的交往对象表示好感、敬意与尊重的时机，在他人适逢喜庆之时，予以正式的祝贺，就是一种有助于双向沟通的有效方式。在准备贺词时，需要仔细斟酌辞令，既要语言优美、感人，又要力戒过度恭维或词不达意。贺词内容要以“恭喜”为首要内容。在贺词的字里行间，要自始至终充满热烈、喜悦、愉快、激动的气息，要使自己所讲的话中满怀着热情。内容中必须要有对对方的称颂、赞扬、肯定。同时，如果具体场合允许，应借机表达致辞者对被祝贺者的敬重与谢意。准备贺词，还须认真、诚恳地表达致辞者的良好祝福，祝福被祝贺者“大吉大利”“心想事成”等。

（2）答谢演讲

在正式集会上，发表一篇热情洋溢的答谢词，既显得郑重其事又更能让人感动。需要即时答谢的场合很多，例如，过生日、结婚、获得奖励、被授予荣誉称号、本单位举行庆典、事业上取得了重大成就的时刻，都应当向来宾或在场者致辞答谢。答谢词要包括“此时此刻”的感触，对他人的感谢以及今后自己继续努力的方向这三大内容，要力戒套话、废话。一开始就讲“我好激动”“我讲不出话来”“我想起了许多昔年往事”，反倒不如回顾一下在自己取得成绩的过程中，其他人是如何支持、帮助自己的，这样更容易让人接受。答谢词里，自我评价应中肯，不能自吹自擂；也不必妄自菲薄。叙事要清楚，对他人的感谢要一一说清楚。最后，最好能找出自身的一些不足，以及今后努力的方向，借以请大家继续关照自己。答谢词示例如下。

尊敬的各位来宾，天华的新老朋友们：

大家上午好！

非常欢迎大家参加今天在这里举办的“迎中秋天华新老朋友联欢会”活动。值此中秋佳节到来之际，首先请允许我代表天华集团全体员工，对参加此次活动的各位嘉宾和顾客朋友们表示最衷心的感谢和最热烈的欢迎。

在这个丰收的季节里，天华已走过了10个年头，在这10年里，天华的每一步成长都离不开您的支持，天华的每一项荣誉都融入了你们的真情与厚爱，在这里我们怀着一颗感恩的心感谢你们，感谢这么多年来你们一直都关注着天华，支持着天华！

今后我们将再接再厉，不断完善我们的工作，以回报大家对天华的厚爱。

再过几天就是一年一度的中秋佳节了，借这个机会我也代表天华集团全体员工祝各位合家欢乐、身体健康、生活美满、天天快乐！

谢谢！

（3）简介演讲

简介演讲，就是主动或应邀，向大家介绍自己、介绍他人、介绍自己所在单位、介绍自己所负责的某项工作等。和普通介绍不同的是，简介的业务性强于交际。

当应聘新职、联系工作、结识新同事、参加聚会时，有必要恰如其分地通过这种演讲去“营销”自己。简洁性演讲，既要谦虚、诚实，又要注意扬长避短，争取给人以好感。在内容上，简介自己应包括个人姓氏、单位、职务、专长、业绩等。另外，还可以借机加上籍贯、兴趣、家人等较轻松的内容。

新同事入职、贵宾光临时，常常要为他们做简介。介绍他人时，应将其姓名、职衔、学位、单位等个人资料，其特殊专长、突出成绩，及其为人处事的长处等，都应包括。很多情况下，如招聘、推销、联系业务、接待来访者时，还需要为自己的单位或部门做一下简洁性介绍。介绍单位时应重点介绍本单位和其他单位的不同之处及知名度等。需要列举数字说明时，宜少不宜多，不能杜撰。简介自己所负责的工作时，突出其特征，不必自惭形秽。在不泄密的前提下，细讲、精讲、耐心讲，少讲甚至不讲术语。最后，还应欢迎他人多加指正。

（4）解说演讲

在新产品和新技术的陈列会、展示会、发布会，以及日常的推销、促销中，经常需要发表解说词。准备解说词，一定要有针对性，而且要尽可能地设想一下，听众会提出哪些问题，对此应如何回答，应有备而无患。准备解说词，一定要重点突出被解说对象的特征、长处、优势、与其他不一样的地方，以让人留下深刻印象。

### 4. 成功演讲注意技巧

一场成功的演讲，除了前期要做好充分准备，更要注意演讲现场的表现，这些其实也都是演讲的技巧。

（1）调整情绪

情绪对演讲的成败往往具有决定性的作用，演讲者务必要调整好自己的情绪。

饱满的情绪能有效地吸引听众、感染听众、打动听众。所以在登台前，一定要调整好自己的状态，给听众留下美好的第一印象，让听众对你的演讲充满信心。多做深呼吸是调整情绪的较好方式：站立、目视远方、全身放松，做深呼吸。还有听轻松愉快的乐曲，看令人捧腹的幽默故事都能达到调整情绪的效果。

对缺乏经验的演讲者来说，演讲中难免会紧张。一旦出现紧张情绪而又不能有效放松的话，将会影响整个演讲效果。怎样放松自己的情绪呢？

为了消除演讲前大脑的紧张程度，可以有意识地把注意力转移在某一个具体的物件上。比如，可以留意一下会场的环境布置，也可以适当低头看看演讲稿或一只手触桌边、或者手握麦克风等。

演讲时心情紧张在所难免，而且有时听众的某些偶然因素会人为地造成紧张情绪。比如某位听众发出一些声响，或某位听众目光不友好，都容易引起演讲者情绪的波动。这时就应该转移目光，或者采取流动式的虚视方法，有意识地回避目光对视，以保持良好的心境。

还可以用语言暗示来消除紧张，比如演讲前可以这样暗示自己：“今天听众很熟悉，没必要紧张”“我准备得很充分”“豁出去了，没什么大不了的”。还可以假设自己演讲成功后，受大家赞赏或成功的场景，来获得努力演讲、最佳水平发挥的激励。

（2）脸部表情

演讲时的脸部表情不管好坏都会带给听众极其深刻的印象。紧张、疲劳、喜悦、焦虑等情绪都会清楚地表露在脸上，继而影响听众。演讲的内容即使再精彩，如果表情缺乏，演讲就很容易变得缺乏说服力和感染力了。

在演讲开口前，首先和听众做目光交流，环视全场，让自己的情绪稳定下来。在演讲过程中要经常和全场听众有目光接触，特别是坐在后面和前排两侧的听众，还有重点听众，比如身份高者、来宾等，对重点听众要多花点时间做目光重点交流。运用目光接触可以获得并掌握听众的注意力，建立相互的信任。其次又可以透过目光接触来回应听众，阅读听众的表情。目光接触的速度要适中，要慢慢地环视，而非扫视。最后，重点交流并不是紧抓不放，让人感觉如坐针毡。

并非每位听众都会对演讲者报以善意的目光。尽管如此，还是不可以漠视听众的目光，这时可以一面演讲，一面从听众当中找寻目光善意而柔和的人。并且无视于那些冷淡的目光。此外，把自己的视线投向强烈“点头”以示首肯的人，对巩固信心来进行演讲也具有效果。

演讲中除了必要的看讲稿时低头外，不要总低头，否则就很容易给人以“垂头丧气”的感觉。这就要求对演讲的内容熟悉，确保抬头和大家做眼神交流之后，还能找到自己讲到什么地方。

不论演讲的主题多么严肃，偶尔表达出轻松的微笑，再配合用眼睛经常有意地环视会场上的每个人，既显示自信，又说明重视会场上的全体听众。

（3）肢体动作

上场演讲时，要步速正常，步态自然，刚劲有力，抬头挺胸，双眼平视前方，体现出一种成竹在胸、自信自强的风度和气质。低着头，或者边走边跑都是不得体的上场仪态。

手势在演讲仪态中最受关注。手势适当运用，能够增加听众的视觉效果，并增强演讲的气场。

在发言席后面演讲时，可以双手自然地放在发言席两侧。没有发言席的话，双手则自然垂放在身体两侧，也可以用手来操作多媒体、握住白板笔、遥控笔或是做手势等。演讲中不可以双手插兜，或手臂交叉。手拿遥控笔，避免天马行空般乱画，更要避免把激光点在听众身上。

演讲中需要邀请他人发言时，要手指并拢手心朝上（手掌与地面约呈45 度）做抬起状来邀请。

用遥控笔或食指指点表示强调、站着双手抱在胸前，摆弄双手，手或者拳头在空中不停挥舞，坐着时交叉握双手、手指撑出一个高塔形状的动作，这些动作是消极的表现，演讲中都不宜出现。

站的位置很有讲究。要站在每位听众都可看到的位置，又能便于参考自己的演讲资料，有多媒体道具时还要能方便自己控制多媒体。站时要挺胸收腹，男士双脚可以适当分开，但最宽不宜超过自己的肩宽；女士站时

图 5－3　演讲时这样仪态不得体

则随时都应双腿尽量并拢。左右不停地换脚、倚靠在发言席上（如图 5－3），频繁地来回踱步、抖脚，上下立脚尖、晃身体，都属于消极的站姿，演讲中必须避免。

发言完毕应向全体与会者鞠躬表示感谢，再从容地下场。

（4）语言表达

发言的时候要口齿清晰，掌握好语速、音量。

演讲的速度是演讲的重要要素。为营造良好的演讲氛围，必须讲究演讲中张弛变化的节奏，控制语速，一般每分钟演讲 120 字左右比较合适。还要注意的是，根据情绪渲染及内容的需要，可以在适当的地方放慢或者加快演讲速度，再配合上有变化的语气语调，给听众形成一个“抑扬顿挫”的良好听觉感受。如果从头到尾都以相同的速度或同一个音调来演讲，听众就很容易产生疲倦感。

演讲中，语言要流畅。就要求事先要多熟悉几遍自己要演讲的内容，如果需要借助其他用具，如 PPT，则要事先演示熟悉；需要用音乐、视频时，应该提前做好链接或请工作人员协助播放。

（5）现场答问

演讲有时候需要现场回答听众的提问。即使演讲时很出色，如果不能很好地处理听众提出的问题，同样不能算是一场成功的演讲。回答提问时，要注意什么呢？

认真倾听是对提问者的起码尊重。仪态上表现为面朝提问者，眼睛注视并面带微笑，以“点头”“好的”“是”“嗯”等方式，来表达自己在仔细听对方的提问。而在被提问过程中，低头干其他事，如看时间或者其他材料，甚至与其他人交流，都是失礼的表现。

假如要回答的问题是刚才在演讲中讲过的内容，也不应对提问者表示出不满或者责怪，可以再简洁地重述一下，如果能换个角度讲述则更好。

属于无法回答或不能说的问题，如技术机密、保密内容等，就可以直接告诉对方。如果只是当时无法回答，可以告诉提问者会在多久的时间段内再回复，对这样的承诺则要说到做到。

听众的大多数问题都应该认为没有什么恶意，至少不是针对个人的。所以不管提问者的口气或意图如何，都要保持镇静。即使遇到不礼貌的提问甚至演讲被打断，演讲者也不能失态，更不能对其进行人身攻击或者污辱，都应有礼有节地回答。

在回答过听众的提问之后，并不表示已经结束了，还要感谢大家的提问，然后才能结束自己的演讲。当然，演讲中没有设置答问环节的话，也就没这个流程了。

## 三、网络言论

现在，每个人都有机会利用新媒体向公众发表言论，如博客、论坛及自媒体的 QQ 空间、微信朋友圈、陌陌等。当以工作身份使用或发表言论的时候，就必须要考虑到可能的后果，对自己的言论负责，不能随心所欲。

### 1. 论坛博客注意礼仪

很多人都有博客（包括微博）或经常使用论坛。作为职场人，有些言论我们需要注意。

市场部的小侯前段时间因为微博事件，差点被公司开除。原来，他喜欢玩微博，有空的时候就自己撰写或转发微博，并经常转发给同事、领导甚至客户。前几天，小侯又看到令人惊悚的“爆炸性新闻”，没加鉴别，又转发给了领导以及客户杨总。杨总又转发给了其他人。结果事后辟谣那是假新闻，甚至杨总因此被公安局叫去谈话。经过这个风波，小侯才意识到网络言论也要慎重！

内容有所选择。网络上小侯这样的人不少，或为新奇，或为点击率，而对内容不加甄别地转发。

撰写的时候，不要占用工作时间，除非你是为单位或本部门因公撰写。虽然有人会说写或转这些，占用不了多少时间，但相信转发或撰写绝不是一个月只有一两次的行为，还是公私分明更好。

内容上，当然可以有自己的独到观点，但总体上应是健康的，有一定正能量的，而不是反社会的、不健康的信息。像可能给社会造成恐慌的信息，不要乱发，特别是来源不明确的信息。

在涉密单位上班，可能会接触到一些机密信息。当在论坛、博客上发表言论的时候，还必须要注意保守机密，机密并不是拿来炫耀的资本。保守机密不仅是职责，也是义务。

慎重加好友或链接。博客（当然也包括微博）等可以加好友或加友情链接。加好友或添链接的时候，注意不要见人就加、有申请就加，而应有所甄别。像广告类的、来源不明的，都不应添加，避免给有不良目的者或乱发广告者以可乘之机。

评论需要慎重。发表自己的观点当然可以，现在是多元、包容的社会，允许有不同意见，但前提是应该对社会无害的。所以评论的时候，人云亦云并不是不可，只是不要有负面的言论。即使有不同意见或不同意他人意见，也不可以谩骂、人身攻击甚至人格侮辱。

对于自己不懂的事情，不乱评论，特别是不要用单位的身份胡乱评论，这有关本单位的形象和尊严。

### 2. 自媒体言论有规范

其他的，包括 QQ 空间、微信朋友圈、陌陌等社交软件。

很多人喜欢像写日记似的写 QQ 空间日志、微信朋友圈、陌陌。如果是纯私人使用，我们不在讨论之列，但可能因公使用时，就要注意自己所要分享的内容了。

必须要考虑到可以看到这些的，不仅有家人、朋友、同事、领导，还有合作单位的人，他们看到这些内容是否合适。尽量不要发对工作、对本单位或其他单位不满的内容，以免让别人误解就是在说他/她，从而造成误会。

转发、分享内容的时候，对一些低级趣味、暴力倾向或反社会之类的标题，即使内容正常也要慎用，以免让人误解你的欣赏水准和兴趣爱好。

共享照片、签名、个人位置定位的时候要注意个人隐私的保护，不要分享或发送使大家误解的言论、片段。

慎用屏蔽分享信息的功能，这些自认为聪明的行为，迟早会被他人知道，反而让对方觉得你不够实诚。所以如果是纯私人信息分享，加因公交往的人为好友时就要慎重了。

不要发送不良信息、垃圾信息或广告，这样会让所有人反感。而其中陌陌的用户信用体系，很容易使喜欢发垃圾或广告信息的用户被评为不可信用户或低等级用户，从而影响自己或单位的形象。

同时，绝对不要转发、分享内容中包括“不转发走霉运”“不转发死全家”这样的内容，不管是谁，都会对这样的内容反感之致。

使用语音功能的时候，注意戴上耳机，同时注意不要影响到身边的其他人。

使用搜索附近的人时，不要无聊地乱加人、发让人反感的话，当然除非你这个账户是纯私人使用。

## 本课要点自测

1. 办公室里的交谈，要注意什么？

2. 演讲中的肢体动作要注意什么？

3. 博客论坛言论礼仪要注意什么？

# 第六课

# 餐桌礼仪

## 案例鉴赏：孙总的尴尬

某次我应邀去某城市做办公行政礼仪培训。到达的当晚，该单位人力资源部的孙总和培训主管以及新入职的培训专员小黄为我和助理接风。

桌上的饭菜很丰盛，外向的小黄在餐桌上，第一个向我敬酒，还不时用她的筷子“贴心”地给我夹菜。每次夹菜之前，都把筷子用嘴吸干净。甚至直接把自己的筷子伸进汤碗里捞菜。而且每次都是夹上菜直接进嘴，有时还会在菜碟里翻找她喜欢吃的菜……

孙总在尴尬中，陪着用完餐。餐后，孙总略表歉意地说：靳老师，刚才小黄让您很“惊喜”吧？咱们的培训，看来要强化餐桌部分的内容啊。

小黄在餐桌上的这些行为，不少人都有。餐桌上的举止，往往被认为是个人素质和见识的真实反映。在餐桌上应当约束自己的举止、言行，做到有礼、有节、有度。

你在品味食物，别人在品味你。在餐桌上懂得进退、表现得体，更容易营造出和谐友好的交往氛围。

## 一、商务宴请礼仪

不管什么单位，都难免经常在外用餐，或本单位请客、聚餐，或者被外单位请客。对外宴请中，需要注意基本的餐桌礼仪，以免失礼。宴请的座位问题，在第三课已经专门介绍过，这里就不再重复了。

### 1. 点菜必须考虑客人

从饭店回来后，虽然领导没有批评王丹，但王丹的情绪还是很低落。

今天宴请客人，作为办公室唯一的女员工，客人和领导都让她点菜。她首先想到的是大众口味的川菜，所以几个主菜都点的是辣味十足的川菜。但接下来的场景却让领导和王丹都没有料到：在领导的积极让菜下，客人勉强尝了一口，却被辣得咳嗽不止，差点使血压飙升。原来客人吃不了辣菜！好端端的一次宴请，就这样失去了气氛，主客双方都很尴尬。

如果是自助餐或快餐，当然不存在点菜的问题。平时餐桌上，看似简单的点菜，却成了很多情况下客人不尽兴、领导不满意的由来。

（1）了解预算

点菜前应了解预算，特别是对外宴请的时候。一般单位都对这方面有规定，或者根据以往惯例，除非领导明确交代可以适当提高或者“实惠点”。不管怎样，都不要在餐桌上冒昧地当着客人的面问，这是会让宾主双方都尴尬的事情。知道预算后，就可以在预算范围之内，进行菜品的最佳搭配。

我曾见过一位猛士，边点菜边这样“请示”领导：“孙总，××菜50元，怎么样？××菜65元，可以吗？呀！这儿的××菜199元，太贵了……”那边他的赵总，脸一会儿白，一会儿红，边上的客人也尴尬之至。

（2）了解忌口

点菜必须考虑到领导、来宾特别是主宾的忌口（如图6－1），以免好心办坏事。

注意宗教忌口。像穆斯林不食大肉，不食凶猛及无鳞之鱼，不喝酒及含酒精的饮料。国内的佛教徒禁食荤腥，不仅是不吃肉食，也包括葱、蒜、韭菜、芥末之类吃起来气味刺鼻的食物。道教信众不吃牛肉。贸然犯忌不仅失礼，甚至可能带来麻烦。

图6－1　点菜前先了解忌口

注意地区忌口。不同地区，往往有不同饮食偏好。比如藏民通常不吃鲑，英美人通常不吃宠物、稀有动物、动物内脏、动物的头、爪等。

还有个人忌口。这只能通过询问知道。忌口信息可以提前向本人或相关人员做了解，或者现场询问。避免忌口菜，是做好宴请的重要细节。可以问“请问您有什么忌口”或“您不吃什么”。询问忌口的时候，除了问主宾，也应该问问其他客人，以示一视同仁的照顾。其他客人是多位的时候，不必一一去问，可以用眼光慢慢扫视的方法和他们做眼神交流并说“大家有什么忌口吗”。同样道理，问了领导、客人之后，也可以用这个方式问问自己的其他同事。

（3）怎样点菜

客人到齐后就可以点菜，先请主宾点，当对方谦虚不点时不必勉强。然后请领导点。

点菜的时候，做到“突出特色，主随客便”，注意点本地特色菜、名菜、该饭店招牌菜、时令菜。如客人已点了一些菜，你再点的时候，应该避免点同食材、同口味的菜，除非客人或领导明确要求。

菜的数量，够吃就好，不应奢侈浪费。热菜数量可以控制在就餐人数加一。当然还可以适当加点冷盘小菜，这样在热菜上桌前台面不空。

点选的菜肴还应注意不同食材、不同烹调法、不同口味，荤素兼具等，充分考虑到营养及膳食平衡。主食点什么，尽可能征询每位客人的意见。

除非领导要求你全权点菜，否则参与点菜或者只点其中一道菜时，不应点主菜，也不应点最贵的菜。“反正是单位掏钱，贵的不点白不点”的想法，是非常不懂事理的。

当自己是客人，不该在点菜时太主动，应请领导和主人点。不好推辞时，点一个不是大家忌口的菜。而当主人问忌口时，尽量由领导回答就行，不必非要真的说你的忌口，给主人添麻烦。对于忌口菜，象征性地用一些就行了。

（4）请示领导

即使领导明确让你全权做主来点菜，在点好菜后，还是应该将所点菜名及酒水汇报给领导，经领导确认后再下单。这是一个必需的程序，除非事先已经明确沟通好今天点哪些菜。没有领导在场，宴请客人时，则应请客人过目后再下单。

### 2. 了解点酒水的规则

点酒水，尽可能请资深同事或者领导来点，在这方面他们更有经验，也更能把握尺度。由你来点的时候，以下事项要注意。

首先要尊重客人对酒的偏好。

酒菜搭配，遵循的原则是好菜配好酒。有时为讨好彩头，可以把酒和宴席主题相结合，如同事升迁选用“喜临门”“双喜”酒；考核通过用“状元红”酒等。

如果以葡萄酒配餐，除了以“红酒配红肉（牛肉、羊肉、猪肉等）、白酒配白肉（鸡肉、鸭肉、兔肉、海鲜等）”外，再就是依照口味来选择搭配，也就是以口味清淡的酒配口味清淡的菜、口味浓郁的酒配口味浓郁的菜。比如红烧牛肉，就要配味道浓郁的红葡萄酒。

四川菜的口味香、辛、辣、浓，适合搭配半甜或清爽口感的白葡萄酒；如果一定要搭配红酒，则要选择较辛辣的葡萄酒品种。北方菜因为使用大量肉类和大麦制品，适合搭配红葡萄酒，特别是烧烤的肉类。上海菜和江浙菜的特点是丰盛的海鲜及浓郁略带甜味的酱汁，其中海鲜类菜适合配白葡萄酒，肉类菜可以搭配法国及意大利的中等浓郁红葡萄酒。广东菜可以搭配不同的红、白葡萄酒和香槟。

如果点中式白酒，最好从一而终，不要混喝多种酒。和菜肴不同的是，宴请不一定非得点本地酒。

和点菜一样，酒点好、确定之前，最好也请领导过目。

### 3. 应了解的餐桌交际

和领导或者客人在一个餐桌上吃饭，绝对不能仅是“吃”，还应该有眼力见儿，既要照顾好客人，又要做好协助工作。

（1）和领导同桌礼仪

和领导同桌用餐，既要考虑到礼宾次序问题，还应考虑到适当协助、分担，尤其对外宴请的时候。

敬酒，应等领导敬过之后自己再敬。

领导在餐桌上发言，必须停止吃喝、认真倾听，不时以眼神注视。即使和领导私人关系不错，也不能打断领导发言。当领导和客人说话的时候，不插话、不打断、不反驳。有必须要补充的意见，应在他们的说话暂停时。

面对来自领导的敬酒，起身相迎是基本礼貌。

有客人的时候，照顾客人就要考虑到领导的感受，不可以越位。

领导没空给大家斟酒，主方的其他人员应该主动去斟酒。暂时没有服务员又要续水时，主方其他人应该主动给大家续水。斟酒和续水的顺序都是先客后主、先身份高再身份低。

菜如果上得不够，可以找合适时机、尽可能避开客人去和领导沟通，或者和领导眼神交流，看是否需要加菜、加什么菜，再去办理。上菜太慢，需要催菜或者需要添加茶水时，都应该由下属主动去处理，而不能等着领导亲自去办或者再催你去办。

一位领导跟我讲，有一次请单位客户吃饭。结果那天不知道怎么回事，菜上得非常慢。他见坐在上菜口的下属没主动去催，就让他赶紧催催。没想到那位正在吃东西的下属头也没抬地说："×总，等会儿吧，一会儿肯定就来啦。"领导一下子脸红了，是不好意思，也是气的。经下属这么一说，好像这位领导有多贪吃似的。

另外，如果领导迟到，应尽可能等领导来了之后再"动手"，这是礼貌问题。时间久的话，可以电话询问，再确认是继续等还是大家先开始。

（2）与客人同桌礼仪

和客人同桌，无形中多了一份关照客人的责任。应该在客人到齐后，大家再开始用餐。

这是因公交往的用餐，不是哥儿们私下聚会，所以提倡让菜不夹菜；敬酒不劝酒，忌灌酒。

餐桌上要照顾好主宾，但也要适当照顾其他客人。不能只和主宾推杯换盏、谈天说地，而不管不顾其他客人，让他们受到冷落。可以多和主宾交流，也要让其他人有发言的机会。和主宾说话的时候，适当和他们做眼神交流，以示关照。

当客人说话的时候，注意眼神关注。不抢话、不打断。而当客人说出有伤大雅的话时，没有必要表现出反感，只要不附和，提出新话题岔开就好了。作为主人一方，不应主动讲"荤段子"来调节气氛。

作为主方的任何一员，都有积极沟通、交际的责任。当出现冷场情况，应积极发出新话题来救场，调动氛围。并不时照顾身边的人，适当让菜、敬酒。

陪同领导时，不论是作为主方，还是去做客，都应跟随领导或客人发起的话题适当参与，不能让领导和客人"单挑"，而自己只负责"嗯"

“啊”“呵”和笑。否则，也同样是失礼、失职的行为。特别是只有领导和你自己陪客人的时候。

敬酒的时候，应该一视同仁，至少同桌的客人应该这样。不要左边敬了三次，右边只敬一次，让人家感觉到你明显的区别对待。

面对客人的敬酒，主人一方没有不喝的道理。即使到了不胜酒力的地步，也可以提出以茶代酒，而不能简单地拒绝。

客人不小心把酒杯或饮料杯碰翻，赶紧用餐巾帮忙擦拭或者给客人递过餐巾，同时不要表现出大惊小怪。情况严重的，用手示意服务员帮忙，但不要大声叫喊。离着远的，就当没看见一样继续谈话或进食就是对客人最大的帮助和体谅。

不要当着客人的面结账，更不能当着客人的面大肆砍价（如图6－2），这是让客人尴尬的事情。

两人及两人以上陪同客人用餐时，一般不能让客人在餐桌落单，需要始终有一位主人在场。

图6－2　不要当着客人的面砍价

## 4. 餐桌敬酒注意先后

培训中，我经常被大家问起餐桌敬酒礼仪的问题。不仅是普通员工，也包括管理层。谁先敬酒，酒桌上说什么，成了餐桌礼仪中很多人高度关注的问题。

（1）怎么斟酒

敬酒之前需要斟酒。除主人和服务人员外，其他宾客一般不要自行给他人斟酒。如果主人亲自斟酒，应该用本次宴会上最好的酒，宾客要端起酒杯致谢，必要的时候应该起身站立。

如果是大型宴会，都应该是服务人员来斟酒。斟酒一般要从位高者开始，然后顺时针斟。如果不需要酒了，可以把手挡在酒杯上方，对斟酒的人说声“不用了，谢谢”就可以了。

他人为你斟酒的时候，也可以回敬以“叩指礼”。特别是自己的身份比主人高的时候。即以右手拇指、食指、中指捏在一起，指尖向下，轻叩几下桌面表示对斟酒者的感谢。

酒倒多少才合适呢？白酒和啤酒可以斟满，葡萄酒一般斟满酒杯的1/4～1/3 杯就行。

（2）谁先敬酒

餐桌的敬酒分为两种，我称之为正式敬酒和一般性敬酒。正式的敬酒特指由主人、主宾在宾主入席之后、用餐之前敬。由主人先敬，同时说祝酒词。主宾随后致答谢词回复。

和我们关系最大的是一般性敬酒，这种敬酒，在正式敬酒之后就可以开始。一般按职位高低、年龄大小、宾主身份为序：先高后低、先宾后主。如果除主宾外，其他人的职位、身份高低不明确、年龄也差不多，则按统一的顺序敬酒，一般从主宾敬起，按顺时针敬上一圈。

要向某位重要人士敬酒，当有领导还没敬，新员工不宜贸然去敬。先于领导敬酒，这是越位。领导没敬你先敬，你两杯酒下肚，脸红脖子粗；领导坐在那儿不动，脸绿了。

敬酒时，还要注意是在对方方便时，比如对方当时没有和其他人敬酒，嘴里没有食物。

人数不多时，即使普通的客人，在主人敬酒后也可以回敬主人一杯。一般情况下，别人给你敬酒的时候，不要同时给对方敬酒，至少在喝过对方敬的酒之后，稍作休息，再回敬对方。

当身份高的人向自己敬酒，不管对方喝多少，自己都应喝的比对方多一点，以示礼貌和敬意。

（3）敬酒举止

敬酒，讲究的是有礼有序、有来有往。无论是主人还是来宾，在自己座位上向集体敬酒时，要求首先站起身，面含微笑，手拿酒杯，并且面朝大家。

当有人向集体敬酒时，停止用餐或喝酒；提议干杯的时候，也要跟着端起酒杯站起身，互相碰碰杯。按惯例，敬酒不一定要喝干。

一般性敬酒就是在主人正式敬酒之后，各个来宾和主人之间或者来宾之间的互相敬酒，可以说一两句简单的敬酒词。

餐桌上可以多人一起向一个人敬酒，如果不是领导或重要身份，不能一人敬多人。

面对敬酒，酒杯举到双眼高度，等对方说了祝酒词或“干杯”之后再喝。喝完后，拿酒杯和对方对视一下，这个过程才完美。

主人亲自向你敬酒干杯后，要回敬主人，和他再干一杯。回敬的时候，右手持杯，左手托底，和对方同时喝。干杯的时候，可以象征性和对方轻碰一下酒杯。

出于敬重，自己的酒杯应低于对方酒杯。如果对方也想比你低，但你不希望这样的话，可以一手轻托对方杯底，一手端杯来敬，快速完成这个过程。和对方相距较远，可以用杯底轻碰桌面以示碰杯。

（4）注意事项

号称酒量不错的小魏，这次又醉了。而平时滴酒不沾的小文，居然没事。这并不是小文隐藏了实力，而是小魏“不实诚”惹的祸。小魏在餐桌上一边和客人说自己酒力不行，一边和客人一人一杯地干了好几杯。其他客人见小魏这样豪爽，纷纷表示应该一视同仁。只过了半圈，小魏就已经趴下了。而小文，一开始就点了饮料，始终以饮料代酒。

餐桌上，酒是加强双方沟通的媒介，良好的沟通才是主体。所以餐桌上不应有喧闹的氛围，同时也禁忌灌酒。灌酒是失礼、失态的行为。

酒力实在不胜，一开始就应诚恳、明确地说明，比如说“喝不了酒，过敏”“一会儿还有事情需要处理”“最近身体不大好，医生说最好别喝酒”“马上还要开车”等。酒桌上大家最喜欢用酒攻击的，就是那种一边说不能喝，一边一口干的人。“豪爽”一会儿之后再说不能喝，没人愿相信或者理解。

酒量不济时，空腹喝酒更容易醉。为避免醉酒，喝酒前可以吃些油性重的食物或者甜食。萝卜丝、鱼汤最能发挥解酒效应。如果酒已经喝多，多喝热汤或白开水，能很好地冲淡酒精浓度，帮助醒酒。

### 5. 餐桌举止不可忽视

“餐桌是个人修养的试金石”这句话很有道理。对于刚入职的员工来说，餐桌上不一定都能做到交际娴熟，但至少要做到守礼、不犯忌。

（1）注意个人举止

在主宾和领导落座之后自己再坐。客人没入座，作为主人有主动邀请其入座的责任。在领导、年长者、主宾动筷之后再动筷。新上的菜，请主客或者领导、长者先尝，之后下属、年轻的员工才能动筷。当客人相互谦让、不下筷子时，或者新上了菜，主人一方有让菜的义务，但让菜并不意味着替人夹菜（如图6－3）。

图6－3　不要替人夹菜

外套或随身携带的东西不能放到餐桌上。

用餐中，身体应略向前倾，胳膊肘不上桌，不要趴在桌上。站起来夹菜是失礼的，远处的菜等转过来时再夹。餐桌转盘要顺时针转，新上的菜应先转到主宾面前。当领导或客人在夹菜的时候，停止转桌。

每次从盘中夹菜后，先在自己的食碟或者碗中稍做停留再吃。即使是自己最中意的菜，也要注意餐桌风度，不要把嘴塞得太满。吃的时候，避免发出吸吮吞咽的声音。

不可以把公勺、公筷直接往自己嘴里送。即便是自己的勺子，也不要塞到嘴里，或者反复吮吸、舔食。用公勺舀食物，不要太满，以免流溅到其他菜盘或餐桌上。烫的食物等自然晾凉再吃，而不是用嘴吹。不管筷子上是否残留着食物，都不要去舔、吸。谈话时放下筷子，不要拿在手里挥舞，更不能作其他用途，如剔牙、挠痒等。不在餐桌上剔牙。咀嚼食物时不要说话，细嚼慢咽。

取食菜肴时，不要在菜盘内翻来覆去、挑挑拣拣，甚至夹起来又放回去。初次取某种菜肴，一定要少量夹取。食物残渣、骨、刺，不能直接从嘴里吐在食碟上，应用筷子或手协助。不往不用的碗里乱放东西，包括不用的餐巾纸。

作为客人，尽可能将所有菜都品尝一下，即使有你不爱吃的菜。

桌上的餐巾布即口布，是用来擦手、擦嘴的，不能用来擦餐具、擦汗、擦脸。餐桌上不可以有清嗓子、吐痰、擤鼻涕等动作，这些可以去卫生间解决。这一点，可能很多人都觉得不必说。但就我的经历来看，遇到过太多的人在餐厅里擤鼻涕或者吐痰，而大声清嗓子更是司空见惯，让人实在没有胃口。

忍不住打嗝、咳嗽时，赶快用餐巾捂住嘴，头转向一边，事后对惊扰到的人说声“对不起”。还有一些不好的零碎动作在餐桌上要避免，比如打哈欠、抠鼻孔、抓头皮等。

另外，还要注意不在餐桌上整理个人仪容仪表。有的女士，一到餐桌上就忙起来：补妆、拨弄头发，这些应该去卫生间处理。而在餐桌上整理服饰也欠妥。很多人都有这个毛病：吃着吃着，就顺手把裤腿往上一拉，露出飞毛腿；或者干脆卷起袖子，一副舍命陪君子的架势。这些都是失礼的行为。

（2）避免他人尴尬

《世说新语》有这样一则小故事：桓温的宴席上有个参军用筷子夹一种米和薤同蒸的菜，这种菜非常不好夹，他一下子没夹起来，同桌的人又不帮忙，而这位参军还在夹个不停，满座的人不但不帮忙，反而都笑了起来。桓温说：“同在一个盘子里用餐，尚且不能互相帮助，更何况遇到危险呢!”于是下令罢了他们的官。

餐桌上难免会发生尴尬的时候，面对别人的尴尬，像上例《世说新语》中的诸君“都笑了起来”是不对的！我们要不在意、不暴露或不夸大别人的尴尬。

谁也不希望发生尴尬，毕竟是丢人现眼的事情。所以看到别人的尴尬，就近可以协助的，悄悄地赶紧协助、化解；协助不了的，就当作什么都没发生。比如别人弄洒酒水、汤，在远处时当作没看到，近处悄悄协助清理；夹菜夹不起来，要么协助，要么没看到；夹菜中途掉落，就当没看到；有人“排气”，即使闻到也当作不知道……这是风度和智慧的表现，不管是谁都会感谢你的善意。

（3）说话须有度

一句话令人笑，一句话令人跳。餐桌是社交的特殊场所，合适的语言，会给餐桌交际起到锦上添花的作用。不当的交谈，令人添堵、让人不悦。

首选轻松话题。如文艺演出、旅游观光、风土人情、流行时尚、历史文化等。聊这些的前提是略知一二，避免瞎说。而当对方和自己的观点起冲突时，即使认为对方观点有误，也可以赞赏对方观点的独到，而不必为此争执甚至当面揭穿。对方在这方面有所研究的话，倾听对方说话是智慧的方式。

可以选择和本行业相关的话题。比如向对方请教他们行业情况；如果对方有兴趣，也可以向对方介绍自己本行业的情况。但应避免主动谈到自己的具体工作情况。

谈论共同感兴趣的话题。比如都爱好美食的话，就谈论美食；如果都爱好钓鱼，谈论钓鱼心得；如果爱好收藏，可以谈谈时下的流行古玩。

谈论故乡。知道对方的故乡后，谈论对方故乡的名景、名人、名吃，对方当然非常乐意听到，也愿意谈论，其他人也会有兴趣听。

用有关菜肴的衍生话题。我说过，像菜的典故、特殊功用，都值得说。还有菜的独特做法或不同之处，如果你知道，介绍给大家，当然会受欢迎。但提供的应该是正确的观点、积极健康的信息。

有些话题，餐桌上不宜说。比如社会敏感话题；有异性在场时说“荤”笑话；八卦流言；有关疾病、不卫生、污染等影响食欲的话题（如图6－4）。还包括高调而毫不谦虚地谈论自己的成功经历等。

餐桌上的“说”，要适可而止，不能没完没了。当别人口中有食物或者酒，或者正在和别人说话时，都应稍等，对方有空时再继续话题。同时，说的过程中应适时停顿，以方便对方用菜或者给对方让菜。不能饿着肚子听你的“高谈阔论”。

图6－4　餐桌上有些话题不宜说

和同桌客人交流沟通，这是应该做的事情。但不能只和其中一个人热情聊天，而对其他人充耳不闻，注意在身边人都照顾得到的基础上，有所重点。

作为客人，有些话不宜乱说，比如负面点评主人所点的菜或主人一方的人或事。

而见到一道菜表现出亢奋状，或语气夸张地说“真的从没吃过”，让人觉得像刚来到人间的外星人。而说“吃撑着了”也欠妥，就像从没吃过这么有档次的食物或者平时从没吃饱过，让人感觉没出息。

有领导曾私下和我说到在餐桌上不会说话的人，特别提到曾有客人在饭后说“吃憋着了”。他知道对方其实是在夸主人会点菜，因此而吃多了，但还是让人非常不舒服：我是“鳖”？还是终于千年等一回地宰了我一次？

## 二、其他用餐形式

对上班族来说，除了参加宴请，还有其他用餐形式也同样需要注意餐桌礼仪。

### 1. 员工餐厅礼让先行

一方面，有自己员工餐厅的单位是幸福的，因为大家每个工作日都能吃到干净卫生、经济实惠的饭菜。而另一方面，因为是本单位内部用餐的地方，所以有些人在餐厅用餐时，往往“原形毕露”，甚至影响其他用餐者的胃口。去年底某制造企业邀请我去培训时，请我专门讲了半天的员工餐厅礼仪。这说明有些员工在餐厅的举止已经到了让人难以忍受的地步了。

（1）遵守秩序

在规定的时间段内到餐厅用餐。

遵守秩序是基本的修养要求。一个有着良好素养的人，即使在员工餐厅这样的内部场所，仍会以自己的得体举止展现在他人面前。

有秩序地进出餐厅，不要冲、跑、挤。大家都有秩序地进出，反而可以提高进、出的效率。

排队购买饭菜。夹塞的行为不应该发生在训练有素的员工身上、不应该发生在单位餐厅里。即使有女同事或者领导，也不必请他们先购买。点头致意、快速处理是你最好的配合方式。

座位应按先来后到为使用顺序。想坐他人边上或对面的空桌，应先询问，确认没有人坐之后再坐。和年长的员工或者领导在一起用餐，应请他们先入座。和同事、领导、熟人在一起吃饭，自己先吃完时，可以礼貌地说声“请慢用”再起身离开。离开座位时，把座椅放回原处（如是可移动座椅的话）。

自己用餐完毕，将餐具放到指定位置。爱惜食物，不随便剩饭、剩菜。有无法吃完的饭、菜，倒进指定的泔水桶里，不能为图省事而不负责任地乱倒。倒时要轻，避免溅到桶外或者别人身上。

餐厅座位有限，就不要在餐厅里话家长里短，用餐结束就应离开，好给其他同事空出地方就餐。

（2）举止禁忌

餐厅是用餐的地方，必须注意个人卫生，不应有随地扔纸屑、吸烟等不当行为，需要清嗓子或者吐痰、擤鼻涕等动作时，应该立即去卫生间解决。

尊重餐厅工作人员，不要当着他们的面，抱怨饭菜不好。如果有必要，可以婉转建议，或者通过正常渠道反映，不应在窗口和餐厅工作人员争执，而影响其他同事。

和端着饭菜的人说话时，注意主动保持适当距离或者脸不要直接朝向对方的饭菜，以免自己说话时喷出什么到对方的饭菜里。

取菜的时候，尽量不对着公共菜盘说话。即使说话，也要小声并且脸应侧向一边。

用餐时趴在餐桌上，脚踩着座位或者蹬着对面的座椅腿，边吃边抖动腿，都是不礼貌的。

在餐厅里说话应降低音量，不高谈阔论；更不能在餐厅里讲不健康的笑话、不卫生的内容，以及影响食欲的话题。

骨、刺以及无法吃的其他东西，不要随地乱吐，可以放到餐具里或吐到餐巾纸上。

吃东西或喝汤时小口吞咽，闭嘴咀嚼，尽量不发出响声。

有专门的员工餐厅，往往意味着不可以将饭菜带到办公区，而应在餐厅内解决，除非本单位明确规定可以将饭菜带到办公区食用。

### 2. 自助餐礼仪

一位学员告诉我，她有一位朋友非常喜欢吃三文鱼。有一回的自助餐食物中有三文鱼。于是这位仁兄欣喜若狂，只专吃三文鱼，一直撑到嗓子眼才罢休。结果第二天，他的身体就开始不适，第三天实在受不了了，才去医院检查。竟然是因过量食用三文鱼，身体无法分解吸收而致病患，到现在已经一年多，都还没有痊愈。看来自助餐虽好，也不能贪吃啊。

自助餐，经常以冷食居多，是一种自选的用餐形式，也泛指所有自行选取食物的用餐形式。人数较多的大型活动中往往用自助餐招待来宾，方便、省事，宾主两相宜。

(1) 用餐举止

自助餐虽然比吃正餐自由，但也有要注意的事项。

参加其他单位的活动，当主人宣布开始时，就可以“动手”了，而且吃好后可以随时离去。

其他情况下的自助餐，当然是随到随吃。

比较合理的取菜依次应是：冷菜、汤、热菜、点心、甜品和水果，当然也可以根据自己的饮食兴趣，有所选择。注意取菜顺序要避免咸甜相克、吃得不痛快。所以最好先在全场看看都有什么，然后再取。如果一看到中意的食物而不管不顾地狂吃，最后才发现还有更喜欢的吃的，那就“亏了”。

不管就餐者有多少，都必须自觉地维护公共秩序，讲究先来后到，排队选用食物。不应挤、抢、夹塞。要知道，即使某种食物被前面的人选完了，很快还会补齐。应以顺时针的顺序取菜。轮到自己取菜时，拿公用餐具将食物放入食盘内，然后迅速离开该菜，方便其他人取用。

取菜时，不要对着公共食物说话、聊天，更不能摸甚至凑上去闻。

自助餐要遵守“多次少取”的原则，也就是每次每种食物少取一点，符合自己的口味之后再取一些，吃完不够再取，直到吃好为止。看到中意的食物“让我一次爱个够”的做法，反而是失礼的。享用自助餐，量力而行的前提下吃饱、吃好，过贪而致吃不完剩下，是难以容忍甚至让人蔑视的。“吃不了兜着走”也不可以，这是惯例。

所谓“自助餐”，即是根据自己的爱好和口味，自行挑选。所以，即使关系再熟，如果对方没有主动要求，不应替人夹取食物。

对于本单位或外单位办的自助餐，就要注意交际的问题。这时候就不能只顾自己埋头大吃，而要主动寻找机会，积极交际。找机会与主人或者来宾攀谈，和老朋友叙旧，争取多结识新朋友。

（2）招待客人

本单位为招待来宾组织的自助餐，员工在用自助餐的同时多了一项任务：招待客人。

优先照顾好主宾，自助餐上也不例外。照顾主要表现在陪同就餐并适当交谈，为其引见其他客人，等等。只是要注意给主宾留一点供其自由活动的时间，不要始终伴随其左右。对于其他没人陪同的客人，应适机与其交谈、关照几句，不能让客人受到冷落。

不管怎样，都不要替人取菜，除非对方主动要求。

自助餐期间，尽可能为彼此互不相识的客人多创造一些相识的机会，并且积极为其牵线搭桥，充当引见者，即介绍人。应当注意的是，介绍他人相识前，必须先征询双方的意愿。

### 3. 西餐不仅关乎刀叉

我们不懂西餐礼仪，就像外国人不懂中餐礼仪一样，不是什么丢人的事情。只是如果能了解西餐礼仪，在需要用西餐的场合，我们就多了一份从容和自信。

（1）餐具使用

西餐用盘子盛食物，用刀叉即切即吃。喝汤则有专门汤匙，各种不同的酒有专门的酒杯。

使用刀叉的基本原则是右手刀左手叉。也可以换成右手拿叉，但不宜更换频繁。两把以上时，由外向内依次用。刀叉的拿法是轻握尾端，食指按在柄上，不可以翘着小手指拿刀。切东西时左手拿叉按住食物，右手执刀将其切成小块，用叉子送进嘴里。用刀时，刀刃一定要向内。

某道菜如果同时附有餐具，就用所配的餐具用餐。

说话时手可以拿着刀叉，但不能挥动（如图6－5）。

图6－5　说话不挥舞刀叉

不用刀时，可以右手持叉。不要一手拿刀或叉，而另一只手拿餐巾擦嘴；也不能一手拿酒杯，一手拿叉取菜。使用刀叉时，避免相互碰撞。

汤匙用右手拿，拿汤匙的柄端，食指在上，按住汤匙的柄，拇指和中指在下面支撑，汤匙的尖端部分对着自己的嘴。喝汤时，由内向外舀，每次不要舀得太满。

西餐中需要用手解决的菜，比如虾，会同时送上洗指碗。

（2）餐巾使用

展开餐巾并折放的过程在桌下完成。铺餐巾的动作应该在主人之后。午餐餐巾全面展开，而大面积的晚餐餐巾，则应将餐巾往内折1/3，让2/3的部分开口朝外平铺在腿上，盖住膝盖以上的双腿部分。打对折在于防止错拉餐巾，而开口朝外则是方便拿起擦拭嘴。不能把餐巾掖在腰带或领子里，也不应将餐巾垫在骨碟下面。

餐巾用来擦拭嘴、手。擦嘴时，拿起餐巾的末端顺着嘴唇轻轻压一下，弄脏的部分为了不让人看见，可以往内侧卷起。将鱼骨头或水果核吐出时，拿餐巾遮住嘴后，用手指拿出来或吐在叉子上再放在餐盘上。也可以直接吐到餐巾内，再将餐巾向内侧折起。

用餐当中，如果用手帕或面纸而不用餐巾，反而有违用餐礼仪。虽然餐巾可以弄脏，但用来擦餐具、擦脸、擦汗甚至擦鼻涕，都是失礼的。

暂时离开座位，将餐巾折好放在椅子上，不能挂在椅背或揉成一团放在桌上。用餐结束，可以把餐巾随意折叠放在甜点盘左边或自己餐位的中间。

（3）开始与结束

女士在宴会中是主角，所以宴会的始和终都要看女主人行事。女主人铺餐巾时，其他人就可以铺餐巾了。女主人会等到每位客人都拿到菜后才拿起她的刀叉，这时客人就可以拿起刀叉，用餐正式开始。

女主人不在场，坐在男主人右边嘉宾是第一个开始吃的人——先开始是她的责任。其他人跟随其后。

用餐途中想稍后再继续吃，可把刀叉放在垫盘上呈八字形，刀刃朝内，叉尖向下（如图6-6）。吃完一道菜、餐具可以收走时，刀叉平行摆放在垫盘上，刀刃朝内，叉尖向上。

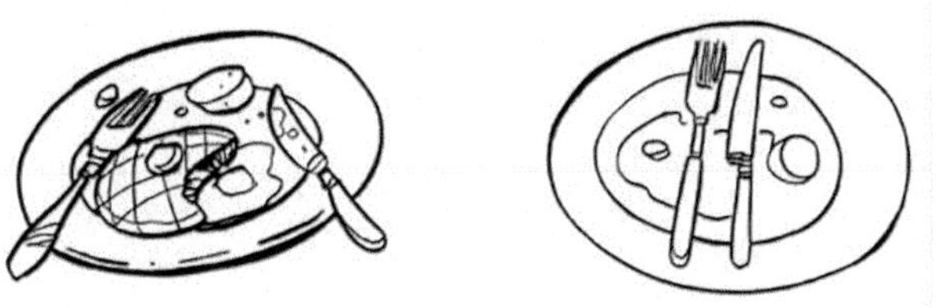

**图6-6　稍后继续吃（左），已吃完可收走餐具（右）**

在一次西餐中，通常有两次干杯。第一次在开餐之前，主人以干杯来欢迎各位来宾。然后在甜品上来之前，主人提议为尊贵来宾敬酒。这时主人要站起来敬酒，宾客仍然可坐着。当每个人为他干杯时，尊贵来宾并不饮，因为他不能为自己干杯。所有人干杯之后，尊客应起身致答，并举起酒杯干杯。

用餐中，邻座女士起身时，男士应立即微微欠身相送。女士回来时也应欠身相迎。

当女主人将铺在腿上的餐巾拿起放在桌上时，表示用餐结束了，所有人都要停止用餐。在西餐厅的话，这时就变成撤走餐盘，换上咖啡或茶。而如果在主人家里，这时男士应帮助临座长者或女士拉椅。女主人先离座，客人再一起随着离开，再到客厅或其他房间里，一边喝咖啡（或茶）一边聊天。

西餐全部结束后，第一个告辞的应该是主宾。通常情况下，如果主宾不主动告辞，主人不应“撵”，而且其他来宾也会礼貌地等待主宾先动身，因为其他客人在主宾之前告辞是非常失礼的。所以自己是主宾时，应适时退场。之后其他客人视情况而定，跟着向主人一一辞别，然后陆续离开。离开时礼貌地跟主人或其他客人打个招呼。

参加西餐宴会后，应在第二天上午给主人打电话或写信表示感谢。普通的西餐，就可以不必如此了。

## 本课要点自测

1. 中餐怎么点菜呢?

2. 餐桌上怎样敬酒?

3. 自助餐要注意什么?

# 第七课

# 其他职业素养

## 案例鉴赏：来自华为的思考

全球最大的电信设备制造商，华为企业创造人——任正非先生在他新修订的《致新员工书》中讲诉了他对华为新员工的忠告，以便帮助新员工快速融入华为并最大限度发挥出自己的真实能力。

他特别要求员工要积极、有效地既求助于他人，同时又给予他人支援。他认为求助没有什么不光彩的，做不好事情才不光彩，求助是参与群体奋斗的最好形式。应摆正自己的位置，不怕做小角色，才有可能做大角色。

华为的成功，绝不是偶然，而是得益于每一位员工的共同努力。正基于此，任先生才在《致新员工书》中特别强调了团队合作的重要性。

对现代社会组织中的员工，要求的素养是多方面的。本课介绍的是其中重要的四点：团队合作、时间管理、压力管理、情绪管理。

## 一、团队合作

每年秋天，大雁都要南迁过冬，亘古不变。雁群为什么要排成“人”字形振翅高飞？因为大雁知道和同伴以这样的方式一起飞翔最省力，而且比自己单飞要飞得更快，飞得更高、飞得更久……研究表明，大雁通过“人”字形雁阵相互借势，比单雁的飞行速度竟然高出71%！大雁的杰出表现，向我们揭示出一个道理：有效的团队合作更容易成功。

合作是信息化时代职业化职场的基因，也是当代高度发达的社会生活重要特点，更是每一名员工必备的素质。作为新员工来说，需要了解下面的内容。

### 1. 个人成长需要团队

个人再完美，也就是“一滴水”，“一滴水”只有放到团队的“大海”里，才会永不干涸。

在专业分工越来越细，市场竞争越来越激烈的今天，单打独斗的时代已经过去，团队合作变得越来越重要。

每位员工都有自己独特的一面，取长补短、相互合作所产生的合力要大于员工单打独斗力量的总和。一个对自己团队负责的人，其实也是在对自己负责，因为你的生存离不开团队，你的利益是和团队密切相关的。只要我们在团队中一天，就应对这个团队负一天的责任。团队需要你，而你更需要借助团队的平台，立足于本职工作，发挥才能。

如果团队中人人自行其是，必然出现强调困难、任务拖拉、敷衍了事等团队涣散的现象。一个不稳固的团队，大家不仅做不到互相支持配合，甚至还会互相拆台：你工作中出现问题，我在一边看笑话；我工作中出现失误，他去领导那里告状。从而影响工作整体进度，甚至单位的发展。就像链条一样，只要其中一节有问题，整个链条都不能正常运行。

所以，个人离不开团队，不仅仅是因为员工职业精神的需要，也是凝心聚力、提高效率的必然要求。

## 2. 少计较些个人得失

2004年6月，拥有NBA历史上最豪华阵容的湖人队，总决赛的对手是14年来第一次闯入总决赛的东部球队活塞。湖人队是由科比、奥尼尔、马龙、佩顿等巨星组成的“超级团队”。但出乎意料的是，湖人几乎没有做多少抵抗便以1:4败下阵。湖人队的“OK组合”都觉得自己才是球队领袖，比赛中单打独斗，没有配合可言；而马龙和佩顿只是冲着总冠军戒指而来，根本没融入团队，作用甚微。缺乏凝聚力的团队如同一盘散沙，战斗力当然也大打折扣。

团队中，为了共同目标，不排除有时会牺牲一些个人利益。如果处处过于计较个人得失，置团队整体利益于不顾，势必会影响团队战斗力，最终使个人的损失更大，就像当年的湖人队一样。

有时为了一项工作，需要团队成员各司其职，甚至加班加点、群策群力。如果有人觉得“做好上班时间的工作就行，其他的不管”或者“我手头的事没处理完，不能配合”，那么项目的进度就会受影响。如果是竞标，很可能会失败。反过来，项目进度缓慢或者竞标失败，肯定会影响每个人包括你的利益。这次你不配合，下次需要别人配合的时候，别人自然也不愿配合你。

还包括适当的协助。团队工作任务紧张、其他人忙得不可开交，你是一如往常地准点下班，还是在自己的能力、职责、权限范围内，适当、主动地再分担一点工作，或提供力所能及的协助？

## 3. 尽心维护人际关系

部门经理要求公司辞退小赵。小赵的工作能力其实不错，但来公司的半年时间里，却和大家的关系越处越僵。作为部门里学历最高的员工，小赵入职之初被领导尽心培养。他学习能力强，但对同事工作中的问题，经常语带挖苦或不屑，常常炫耀自己的学历。当众顶撞领导更是家常便饭。时间一久，同事们对他反感至极，根本谈不上工作中能相互合作。

作为员工，做好工作是天经地义的事，工作成绩是员工价值的直接证明。然而，单位是一个社会群体，需要和谐的人际关系，才可能创造出“1+1>2”的团队效果。所以，良好的人际关系和工作成绩同等重要。绝大部分的工作，仅靠个人能力和智慧，难以圆满完成。即使个人再有能力，也难以撑起全部的工作。漠视人际关系，靠单打独斗，不是现代社会应有的行为。即使工作能力不错，但如果和同事、领导关系处得一团糟，那么他给整个团队带来的负面作用，不是个人的一点成绩可以弥补的。

所以，尽心维护人际关系非常必要。从自己的角度来说，应以平等的态度和大家相处，表现出某种优越感、傲气或者心存自卑都是人际关系的大忌。而且在平时的交往中，还应表达出同事间的起码信任，通过举止、通过语言。信任是连接同事间友谊的纽带，是同事间相处共事的基础。

另外，每个人始终都有好脾气可不太现实。但只要不是事关原则的问题，面对个别同事一时态度上的不友善，不必过于在意。如果对你来说是重要的事，可以事后再心平气和地说出你的感受，不必当时非得“针尖”对“麦芒”。

### 4. 请注重和同事交流

被领导最看好的罗志祥，来公司不到两个月就被辞退了。领导安排的工作，他倒是能主动完成，但从不愿意主动和其他同事沟通，而是想当然地处理。结果工作因此而经常返工，使得整个团队的工作进程大打折扣。而且，面对领导或其他同事的批评，从来都不屑，总是认为完成分内的事就好。部门内的会议，总是默不作声，但事后又喜欢负面评论。领导说，这样自以为是、不融于团队的员工，现代企业不需要！

鉴于性格、阅历、知识以及角度的差异，造成在对待和处理工作时产生不同的看法。这时候交流就显得很重要了。与同事之间的良好沟通，可以使自己左右逢源。交流是协调的开始，要学会不带个人感情色彩地说出自己的想法，且要多听，需要学会倾听他人的倾诉。应该经常说的话是："我很想听听您的意见。"善于交流，是团队中相互信任及配合默契的基础。

团队首先就要内部团结，矛盾不是其中选项。同事之间，有点小摩擦、小隔阂是很正常的事。但千万不要把这种"小不快"演变成"大对立"。这时，友善甚至是主动退一步的交流就显得非常重要（如图7－1）。

图7－1　要善于和同事交流

工作中，遇事先打招呼，有疑问先了解，以减少误会，杜绝猜疑，加深理解，增强信任。有了充分沟通，执行起来才更能够相互理解、配合。

沟通要养成一些好习惯，比如保护他人隐私，表达出理解，不议论他人短处，不炫耀自己的能力，多提建议少说主张，尊重差异，避免主观臆断，少用指导的方式说话，等等。

同事交往中，即使对方说话的语气或方式不是你愿意接受的，那也不要紧，你要的是内容，而不是表达方式。

集体的活动，条件允许的情况下积极参与，这也是一种交流。不能总让自己置身事外。否则很容易让他人对你产生一种"局外人"的错觉，势必影响团队合作。

### 5. 职场先律己再敬人

"律己敬人"是实实在在的行为而非口号，是社会生活中的行为准则，也是职场中的行为准则，对团队中的新员工更是如此。

律己，就是自律、自我约束。能够自我约束是难得的美德。但并不是任何人都能做到这一点，而一个团队恰巧最忌讳对自己行为没有约束的“独行侠”。

每个人都有自己的个性及行为方式。可一旦置身于团队里，必须做到约束自己的行为和处事方式，避免过于特立独行，要考虑到团队里其他人的存在，尊重大多数人的行为方式。包括遵守规章制度，不要试图做制度外员工。这是对他人的尊重，也是对自己的尊重。

自我约束，不仅包括行为上，还包括态度、性格上。脾气火爆，喜欢八卦或议人长短，这些都是团队生活中的大忌，当然不能任性，必须约束。

在这个基础之上，才谈得上对团队中其他人的尊重，其他人才有可能对你尊重。

## 二、情绪管理

相传成吉思汗有一次带着心爱的老鹰上山打猎。干渴难耐的时候发现一处有少量水渗出的山谷，就耐着性子用杯子接滴下的泉水。就在接满水准备喝的那一刻，杯子却被老鹰扑翻在地，如此反复两次。

成吉思汗勃然大怒，一气之下杀了爱鹰。之后当他寻往高处的水源地时才发现，原来爱鹰不让他喝水并不是出于逗弄，而是水源里有一条死去的毒蛇尸体。成吉思汗在盛怒那一刻已经被情绪“绑架”，阻断了自己合理的思考过程，最终酿成大错。

我们没有成吉思汗那么伟大，恐怕也都有在冲动之下犯错的人生体验。人是有感情的动物，情绪上不必非要深藏不露，但至少在工作当中应控制那些会造成不良后果的情绪，避免不必要的失误或困扰。根据情绪产生的不同后果，分为消极情绪和积极情绪。我们要管理的是会产生不良后果的消极情绪。

### 1. 消极情绪源自哪里

弗农·霍华德说："对消极的情绪有一个明确的了解，就可以消除它。"消极情绪主要有工作来源、生活来源、社会来源和自我来源等四方面。

对于上班族，消极情绪往往大部分源于工作中，如工作压力大，被领导批评、遭到同事误解，工作失误、工作中和他人竞争失败……这些都会带来情绪的波动。

现代生活节奏快，生活压力大。在同长辈、夫妻、子女、朋友之间，社会交往当中，或者个人身体状况等，一旦出现某些问题，必然会影响情绪。这就是生活来源。

社会来源，主要是来自社会的压力，不是某个具体的人带给你的。比如自己住房问题还没解决好；最近物价涨得比较快；看到自然灾害的新闻，产生了不好的联想；看到了有关食品安全的新闻；最近某种流行性病毒传播得挺厉害等。

一位老太太整天闷闷不乐：阴天担心开洗衣店的女儿没法工作，晴天担心卖伞的女儿没有生意。她的邻居得知原因后，对她说，其实阴天您可以为卖伞的女儿高兴，晴天您可以为开洗衣店的女儿高兴。听了邻居的话，老太太恍然大悟，原来问题是在自己！

自我来源，往往是自己的心理影响而带来的消极情绪。比如看问题只看到消极的一面、自卑心理、期望值过高等，都容易致使自己的情绪产生低落、失望、信心不足等消极变化。

### 2. 消极情绪危害很大

工作中经常有些人，情绪不好时见什么烦什么，往桌上摔资料，关门时摔门，见人板着脸，甚至无故发脾气。

恐惧、焦虑、抑郁、嫉妒、敌意、冲动等消极情绪，是破坏性的情感，长期被这些情感困扰就会导致身心疾病的发生。我们自古就有“怒伤肝、喜伤心、思伤脾、忧伤肺、恐伤肾”之说，这生动地说明了消极情绪对身心可能产生的负面影响。医学研究表明：情绪不好时，体内一种叫MKT的细胞的活性下降，不容易战胜体内病毒，从而形成疾病。

美国生理学家艾尔玛·辛吉斯做过一个情绪对健康有影响的实验。把一支支玻璃管插在摄氏零度、冰与水混合的容器里，以收集人们不同情绪时呼出来的“水汽”。研究发现，心平气和时呼出来的气，凝成的水清澈透明、无色、无杂质。如果生气，则会出现一种紫色的沉淀物。研究者将这“生气水”注射到小白鼠身上，几分钟后，小白鼠竟然死了。

有一天，德国化学家奥斯特瓦尔德由于牙病疼痛难忍，情绪很坏。他拿起一位不知名的青年寄来的稿件粗粗看了一下，觉得满纸都是奇谈怪论，顺手就将其丢进了纸篓。

几天以后，他的牙痛好了，心情也好多了，而那篇论文中的一些奇谈怪论又在他的脑子中闪现。于是，他急忙从纸篓里把它拣出来重读了一遍，结果发现这篇论文很有科学价值，他马上给一份科学杂志写信推荐。这篇论文发表后轰动了学术界，该论文的作者后来获得了诺贝尔奖。

消极情绪的后果很可怕，不是容易犯错就是不利于我们的身体健康。相反，积极情绪给我们带来的却是理智的思维和积极的行动。我们是不是应该管理好消极情绪，使之向积极的方向转变？做情绪的主人，还是奴隶？完全取决于我们自己。

### 3. 怎样管理自己的情绪

志向远大的人，必然是善于管理情绪的人。

唐代的谏臣魏征进谏一向直言不讳，经常使唐太宗生气动怒，甚至连杀魏征的心都有了。所以魏征进谏时唐太宗就会频繁“出恭”，他其实并不是真的需要频繁上厕所，而是出去转一圈放放风，调节一下情绪，压抑心头怒火，“出恭”时也会大喊：“魏征，我要杀掉你……”情绪发泄之后，再回去听魏征进谏。

情绪如潮水，有涨就有落。有人以为，情绪冲动时等待其退潮一定很难，需要巨大的毅力与意志。其实在情绪的把握上有时甚至只需短短的几分钟和很简单的几个行为，就能解决问题。

转移注意力。出现情绪不佳的情况时，努力把注意力转移到使自己感兴趣的事上去，如：散散步、看看电影、读读书、打打球、下盘棋、找朋友聊天倾诉、换换环境、换件自己喜欢的衣服等。这些都有助于使情绪平静下来，在活动中寻找到新的快乐。

适度宣泄。当有消极情绪的时候，找到合适的方式宣泄出来，非常必要。只要是适合自己的、有效果的，且不妨碍他人的方式，就是好方式。把它写出来，或者找个不打扰他人的地方喊叫等。

一天，美国前陆军部长斯坦顿来到林肯那里，气呼呼地说一位少将用侮辱的话指责他偏袒一些人。林肯建议斯坦顿写一封内容尖刻的信回敬那家伙。斯坦顿立刻写了一封措辞强烈的信，然后拿给总统看。“对了，对了。”林肯高声叫好，“要的就是这个！好好训他一顿，真写绝了，斯坦顿。”当斯坦顿把信装进信封时，林肯却叫住他：“你干什么？”“寄出去呀。”“不要胡闹，”林肯大声说，“这封信不能发，快把它扔到炉子里去。凡是生气时写的信，我都是这么处理的。这封信写得好，写的时候你已经解了气，现在感觉好多了吧，那么就请你把它烧掉，再写第二封信吧。”

自我安慰。这其实就是阿Q精神。面对我们无法改变的现实，学会安慰自己，追求精神胜利。这种方法，对于帮助人们在重大挫折面前接受现实，保护自己，避免精神崩溃是很有益处的。所以很多人在遇到情绪问题时，经常用“胜败乃兵家常事”“塞翁失马，焉知非福”等词语来自我安慰，可以摆脱烦恼，消除抑郁，达到自我安慰、自我激励的目的，从而带来情绪上的安宁和稳定。

自我暗示。积极的自我暗示，在不知不觉之中对自己的意志、心理以至生理状态产生影响，会使我们保持好的心情、乐观的情绪、自信心等。

如不断对自己默念“我一定能行”“不要紧张”“不许发怒”等。

冷静三思。美国临床心理学家阿尔伯特·艾利斯在20世纪50年代创立了理性情绪疗法，其核心是去掉非理性的、不合理的信念，建立正确的信念。非理性信念的特点是绝对化、过分概括化、糟糕透顶，比如因为和上司争论后产生许多非理性的想法而导致情绪异常。所以要冷静下来觉察自己的情绪，明白当前所处的状态，弄清楚事情的来龙去脉，增加情绪反应的选择性。把脾气拿出来，那叫本能；把脾气压回去，才叫本事！那些压力大一点就有情绪，且不能控制，动不动给人脸色看，这样的人如果是孩子，那是天真可爱；但如果是成人，就是不成熟、不稳重。所以，不管处于什么样的负面情绪中，先暂停、中断目前的情绪，跳出来，让自己先冷静，然后再审慎三思，理智面对当前的状况。

改变思维，调整心态。这是真正解决问题的理想办法，也是治本的方法。作为新员工来说，鉴于工作经验和能力的原因，有时难免会感觉工作压力大，情绪的发生是不可避免的，有时甚至不能完全了解消极情绪从哪儿来。这时必须学会转换信念，反向思考问题。王安石有一首和“情绪智慧”有关的诗：“风吹屋檐瓦，瓦坠破我头；我不恨此瓦，此瓦不自由。”这其实就是一种思维的调整。只要心态正确，情绪也会相对稳定，心情就会变好。可见，情绪不同往往不是由事情本身引起，而是取决于看待事物的不同角度。

## 三、时间管理

教授在桌上放了一只玻璃罐，从桌子下面拿出一些正好能放进罐子的鹅卵石。教授把石块放完后问学生：“你们说这个罐子是不是满的?”“是!”大家异口同声地回答。教授笑着从桌下拿出一袋碎石子，从罐口倒下去并摇了摇罐子，问：“现在罐子是不是满了?”大家都有些不敢回答，一位学生怯生生地细声回答：“也许没满。”教授没说话，又从桌下拿出一袋沙子，慢慢倒进罐子，然后又问学生：“现在呢?”“没有满!”全班学生很有信心地回答说。教授又从桌子底下拿出一大瓶水，缓缓倒进看起来已经被鹅卵石、小碎石、沙子填满的玻璃罐。一个平常的玻璃罐就这样装了这么多东西！但如果不先把最大的鹅卵石放进罐子，也许以后永远没机会把它再放进去了。

这就像工作时间，如果不做适当管理，怎么可能高效呢。合理安排好时间，就意味着节约了时间、提高了效率，就能迅速应对纷繁复杂的环境变化、占据优势地位。

### 1. 你的效率究竟多高

有些人有事的时候忙得一塌糊涂，忙乱中频频出错，吃力不讨好；没有事情的时候又不知道该做什么，就在玩网络游戏、玩手机、闲聊中虚度工作时间。同样是 8 小时的工作时间，有的人可以完成很多工作，而有些人却碌碌无为。

当一项工作交到你手上，你对领导说："我会尽快完成。"但"尽快"是多快？一个小时？一个星期？还是一个月？工作时间长，不代表你很努力，反而可能意味着你没有效率。效率意味着速度、质量，更意味着企业的竞争力。

"我今天很忙！"这是很多人经常挂在嘴边的。这里面的"忙"，其实是有不少时间花在了聊天、折腾自己的私事、胡思乱想、找东西、给事情归序，甚至包括准备工作上！花在工作上的时间实际上没有多少，自己的效率并没有想象中的那么高，这里面有很多时间可以被很好利用。早上九点准时坐在自己的座位上，吃早点，看手机微信，看会儿新闻……中途手机不时响起，看手机、回复、看手机、回复……电脑上弹出的新闻，再看一会儿……这是很多人的实际工作状态。一天八个小时，就这样被无端耗费掉一两个小时……人不是机器，中途当然需要休息、放松，只是我们不应该本末倒置，以休息之名用去大量本应该工作的时间，这无论如何也说不过去。

效率意味着在单位时间内可以完成更多的工作，意味着速度、质量，当然也更意味着自己和企业的竞争力。

图 7 - 2　管好时间，讲求效率

## 2. 时间管理几大步骤

最有效的时间管理，应该是分步骤进行，特别是对于新员工来说。

（1）计算时间

每天工作的时间是有限的。我们需要在有限的工作时间之内，估算出每项工作可能需要的时间，并进行调整，然后把时间做出更合理的规划（如图 7 - 2），尽可能避免把一件工作跨天、跨周甚至跨月。

（2）确定工作

记录一周以来或者新工作时限之内的时间安排，分析哪些不是必须在这期间要做的事情，把它们放到稍后的工作计划里去。当天或最近几天要处理的事，量化、细化并书面记录在清单或工作日志上来指导最近的工作，最好细化到上午或下午，甚至几点。这样做首先能让自己随时都明确手头上的任务。不要轻信自己可以用脑子把每件事情都记住，好记性不如烂笔头。书面记录清单的另一个好处，就是每当看到长长的要处理的工作清单，也会使自己产生紧迫感。而且，列清单的时候，把同一类时间尽可能放在一起，以便最好一次做完。比如有一些电话联系的事情，就一次性把要打的电话都打完。有邮件要发出，就集中在一个时间都发邮件。这样处理，更容易使自己专心致志。

（3）排除干扰

全力以赴地工作，就必须排除不必要的干扰。这些干扰有外因也有内因。外因有：桌面太乱、资料不全、电话干扰、聊天工具干扰、不速之客、沟通不良、工作搁置等。内因有：不守时、计划欠妥、条理不清、欠缺自律、不良情绪、做事拖延等。知道了这些浪费时间的因素，有意识的克服就会为自己“抢”来更多时间。

（4）强力执行

既然投入了精力，就一鼓作气，尽可能把每一件事情都做到最好，不留后账，避免返工。返工是非常浪费时间的。但那种需要进一步完善的工作，当然不能算是返工。

再好的想法不付诸实施，也只是空中楼阁。世事变化无常，很可能随着外部条件的变化，有些想法不排除会无法实施。所以不管觉得工作是容易还是困难，制订计划后就立即行动、全力以赴。既然有其他同事一样这样工作，即使再忙也不至于不可能完成，事在人为。只是可能作为新员工，你对有些工作不够熟练、经验欠缺而已。

### 3. 时间管理也有方法

时间管理的方法有很多。我们从新员工的角度，介绍几种简单易行的方法。

（1）计划控制

一开始的时间，注意检查自己的时间使用状况。完成每件事后，立即记下所耗时间。连续记两周或一个月进行一次总结分析，看看自己的时间究竟花在了什么地方，并从中找出浪费时间的原因。另外要“当日事当日毕”，今天的事不拖到明天，上午的事不拖到下午。工作一旦开始，就要一鼓作气地完成。完成一项，接着再做下一项，这样能加快速度，并不断享受到完成任务的成就感。而且配置时间时，应留出一点机动时间，以应付计划之外的事。没有发生计划外的事情，可以用这点时间处理第二天的工作。

（2）保持连续

据心理学家研究表明，人在专心工作或思考问题时，最好能够一气呵成，不要间断，这样不管是速度还是质量，都是最高的。不管因为什么事情致使注意力间断，总是需要一定的时间才能恢复，特别是处理复杂的工作，中途间断时恢复所需要的时间更多。所以，当需要集中精力，专心致志地思考重要问题或处理关键工作时，事先要估计到可能出现的干扰，预先安排出一段相对集中的时间以保证思路的连续性。即使遇到突然而来的想法、主意，也不要中断手头工作，但可以记录下来，方便以后再考虑。另外，有些不必要的干扰，一定要避免，比如私人电话、手机微信、QQ等，统统不应再处理。

（3）安排先后

还记得前面玻璃罐的案例吗？其实时间管理就像往玻璃罐里放东西，需要安排个先后，按照“事分轻重缓急”确定先后顺序。先考虑事情的轻重，再考虑事情的缓急。首先去办重要而又紧迫的事；其次才是重要但不紧迫的事；再次是紧迫但不重要的事；最后是既不重要又不紧迫的事。在做非常复杂的工作时，如果感觉不顺手，却还一直干下去时效率不一定很高。这时可以“百忙”中暂停一下，放松一会儿并中断原来的思路，探索新的途径，或许会有更好的效果。从生理角度讲，用片刻休息把工作间隔开来，能缓解高度紧张的状态，恢复精力。

（4）利用工具

比如电话、电子邮件、传真、语音留言系统、电脑等。打电话前先列出要点，以免遗漏；电话沟通中长话短说；向多人传递相同信息时，可以用电子邮件，避免重复浪费时间。准备一个“备忘录”。有好的设想和观点时立即记录下来。开会、谈话、讨论中的要点也随时记录，这能大大提高办事效率。

（5）注意检查

不要以为任何工作，一次就可以做得完美。有些工作，是需要不断完善的，如果以为做一次就必须完美，那么以这样的思路处理有些工作时，反而会使你的效率降低。比如写策划报告，可以先写完一份草稿，再改，再完善。而不是希望写出的每一条都完美，那是不可能做到，特别当你还是职场新人的时候。

（6）养成好习惯

据统计，一般单位的职员每年要把约六周的时间浪费在在乱堆乱放的东西里找东西！请检查自己的办公区域是否“惨不忍睹”，桌面是否整洁，桌面上是否只放了当天要用的文件和物品，文件和物品有无按固定位置存放？如果不全是，那么你每年同样浪费不少时间在寻找东西上面。如果不全是，就其中的不足，赶紧做出改变吧！

## 四、学会自省

学员小崔私下跟我说，她可能过两个月就要辞职了。入职一年多来，她的工资只变过两次：一次是正式入职后；另一次是正式入职满半年后。但与其他同时入职的同事相比，还是少了。我建议她：听起来是有点不合理，但可以想想，你的工作效率和处理的结果，与那些工资涨得比你快的同事相比怎样？工作的差错率怎样？不管哪一项有问题，都可能是原因，如果把其中的问题改正后还不涨工资，你再辞职。

“小崔”也是一种职场现象。很多员工在要求待遇时毫不含糊。但在对工作能力、态度和效率的自我要求上，却犯“糊涂”。

我在礼仪培训中发现，不少新员工遇到问题时，习惯从外界找原因，很少反省自己：被批评，那是领导故意找茬；被冷落，那是同事妒忌；业务失败，那是客户太刺儿或公司产品不行；工作不会处理，那是太难……我认为，自省是一种难得的职场智慧，是快速提升自我的不二法门，也是新员工应该具备的重要素养。

### 1. 自省是成长好途径

职场中难免会遇到各种困惑，无论是来自领导、同事，还是来自客户。当面对这些困惑甚至挫折的时候，以怎样的态度或行为来对待，事关自己的职业生涯发展。

这时，有的人产生憎恨，而有的人则自省。有憎恨情绪的人，觉得自己的行为或决定永远都是对的，别人的批评、指责，都是没事找事、故意为难他。于事无补不说，还容易使人浸泡在痛苦的深渊里，只会每天抱怨，不仅使自己的形象和态度被领导或同事怀疑，处理工作也变得感性而低效，人也会变得消极起来。

鲁迅说：我的的确确日日夜夜解剖别人，然而更多的是无情地解剖自己。苏格拉底说：不经过反省的人生，是不值得过的。而能自省的人，往往能善明事理，常常表现出勇于承担责任的做事风格和自我要求严格、不断上进的精神面貌。面对困惑或挫折，会自省并换位思考，从中努力查找自身的问题或不足。即使真的遇到一些不公，往往也会一笑了之，而把更多的精力放到自我能力的提升上。这种人，能以不断自省的态度面对所谓的“不公”，从而在自省中鞭策自己，使自己获得更大的进步。进步快、有能力的人，不管在哪里都会被重视。

工作交往中，难免会产生误解或矛盾，这时很多人的本能反应就是以牙还牙。这种方式或许能痛快一时，但只会激化矛盾，使自己陷入困境。况且，有时问题不一定出在对方。这时最明智的选择就是自省，找找自身是否有不足的地方，然后化干戈为玉帛，给别人机会，也给自己机会。

### 2. 教你几大自省妙招

曾子曰：吾日三省吾身，为人谋而不忠乎？与朋友交而不信乎？传不习乎？每天经常反省自己，而我们也需要做到见贤思齐，见不贤而内省。通过自省，能很好地检讨过去，认清差距，明白得失。一个人最大的成功，就是通过合适的自省方式，给自己准确定位，正确认清所处的环境和拥有的平台，明白哪些该做、哪些不该做、哪里需要补足。通过自省，不断改造自己的世界观、人生观、价值观，从而更健康、更具活力地投入每天的工作、学习、生活中去。

做书面记录。把自己每天的工作行为、工作结果，客观地记录下来。可以写在日记本、手机里、电脑上，只要觉得方便记录、方便查阅就行。

曾国藩是个善于自省的人，他自省的方式就是写日记。每天只要有空闲，就记心得体会，反复检查自己的思想言行，自己和自己说话，以取得心灵上的日新月异和行为上的不断进步。

反问自己。每天睡觉前问自己四个问题：我今天计划内的工作完成了吗？工作的效率和那些干练的老员工相比还有多大差距？有没有值得改进的地方？我今天的工作价值对得起自己的工资吗？这四个问题如同四道“紧箍咒”，会极大增强自己的使命感、紧迫感、危机感，并思考、指导第二天的行为。

换位思考。也就是站在对方的角度、站在单位的角度思考，这是职场中自省的重要并有效的方式。世上无难事，只怕有心人。遇到工作上的难题，不要首先想到这是故意为难或工作不适合自己，而是自省是否自己的能力、经验不足或努力不够（如图 7－3）。多向他人请教、多自我学习，赶紧解决问题，而不是消极抱怨或推脱。遇到人际关系上的矛盾，也试着把眼睛转向自己，想想自己有没有问题。如果自己是对方，遇到这样的问题又会怎么处理。被上司批评，自省自己是否有不足之处，上司批评的事情有没有道理？而不是只计较批评时的场合、语气或措辞。常拿放大镜看自己，用望远镜看别人，这样才能取长补短，更好地成就自己。

多倾听。倾听别人诉说也是一种自省的方式，这样可以有效获得更多信息、不同意见。很多人在工作中，别人说什么，你好像是在“听”，但往往只是有“听”这个动作，或许带着情绪或没有耐心，而不是用心地听进对方说什么。这样就不能真正理解、体会到对方想要表达的意思。对方看到你心

图 7－3　必须学会自省

不在焉，也不会乐于继续和你交流。而如果做到认真倾听，情况就截然不同了，这样更利于自己的工作和成长。

## 本课要点自测

1. 团队中怎样维护人际关系?

2. 怎样管理自己的情绪?

3. 时间管理有什么方法?